¡Sssssshhhhhhhhhhh!

Haz del teatro algo íntimo

Llévalo siempre en el bolsillo

Cubierta y diseño editorial: Éride, Diseño Gráfico
Dirección editorial: ángel jiménez

Primera edición: octubre, 2024

Sueño de una noche de verano.
© Ramón Paso
Traducción:
© Sandra Pedraz Decker
© VdB, 2024
Espronceda, 5
28003 Madrid

VdB®

ISBN: 978-84-19850-83-6
Depósito Legal: M-13341-2024
Diseño y preimpresión: Éride, Diseño Gráfico

Este libro protege el entorno

sueño de una noche de verano

Versión de Ramón Paso,
sobre la obra del mismo título
de William Shakespeare.

Traducción de Sandra Pedraz Decker

Ramón Paso

Dramaturgo, guionista y director de escena nacido en Madrid en 1976. Nieto de Alfonso Paso y bisnieto de Enrique Jardiel Poncela.

Cuenta a sus espaldas con más de cincuenta montajes teatrales, tanto como dramaturgo, director de escena o en ambas funciones, entre los que podemos destacar títulos como *El reencuentro*, *El mensaje*, *Dos locas de remate*, *La importancia de llamarse Ernesto*, *Usted tiene ojos de mujer fatal... en la radio*, *Otelo a juicio*, *Blablacoche*, *Papá es Peter Pan y lo tengo que matar*, *La ramera de Babilonia*, *Drácula. Biografía NO autorizada*, *Lo que mamá nos ha dejado*, *El secreto*, *Huevos con amor*, *Jardiel enamorado* o el musical *Desencantadas*. Por otro lado es responsable de las últimas versiones estrenadas de *Eloísa está debajo de un almendro* de Jardiel Poncela, *Otra vuelta de tuerca* de Henry James, *Sueño de una noche de verano* de William Shakespeare o *Tragedia española* de Thomas Kyd.

Además, ha trabajado como guionista de televisión para algunas de las más importantes productoras audiovisuales del país.

Desde 2016 hasta 2018 trabajó en el Centro Dramático Nacional como asesor de dramaturgia, bajo las órdenes de Ernesto Caballero.

Ramón Paso

sueño de una noche de verano

Versión de Ramón Paso,
sobre la obra del mismo título
de William Shakespeare.

Traducción de Sandra Pedraz Decker.

Esta versión de *Sueño de una noche de verano* de William Shakespeare
se estrenó en el Teatro Reina Victoria de Madrid el 23 de octubre de 2023
interpretada, por orden de intervención,
por Ángela Peirat (HELENA y TELARAÑA), Inés Kerzan (HIPÓLITA y TITANIA),
Jordi Millán (TESEO y OBERON), Ana Azorín (HERMIA y FONDÓN),
Rafa Ramos (DEMETRIO, MEMBRILLO, POLILLA y FLORDEGUISANTE),
Pablo García-Prieto (LISANDRO, FLAUTA y GUINDILLA),
Alba Moraga (HAMBRÓN y ROBÍN) y Ramón Paso (VOZ EN OFF DE EGEO).

Dirección: Ramón Paso.

Sueño de una noche y muchas más

Una de las más sorprendentes bobadas de la muy boba película *Anonymous* (2011) del director Roland Emmerich, es la escena en que la joven reina Isabel descubre al que será el «verdadero» autor de las obras de Shakespeare: un niño que interpreta para ella *Sueño de una noche de verano*, escrita por él mismo, donde el supuesto autor infantil hace el papel del duende Puck. El niño se convertirá (en la película) en el conde de Oxford, autor de las obras que un actor del montón, calvo y estúpido, llamado William Shakespeare, acepta gustosamente que le atribuyan para esconder la autoría del noble.

Aparte de que la premisa de la película es una solemne estupidez (Edward de Vere, conde Oxford, murió en 1604 —Shakespeare en 1616—, y aún le quedaban más obras de «Shakespeare» que estrenar, las cuales, según los partidarios de tan absurda teoría, las escribiría todas a puñados en los últimos años de su vida para irlas publicando después de muerto con el nombre de Shakespeare), esta escena me hizo especial gracia: porque no hay niño alguno, por prodigio que sea —ni un Mozart de las letras—, capaz de escribir una obra con la profundidad del *Sueño de una noche de verano*.

De hecho, muy pocos autores célebres de la historia de la literatura, incluso a edades adultas, habrían sido capaces de realizar semejante proeza.

La fecha probable de composición de la obra es otra estocada más contra la película, porque parece haber sido escrita, según todas las teorías, alrededor de 1595 ó 96, lejos de la «niñez» de nadie: con un Oxford de cuarenta años y un Shakespeare de treinta y uno. Y un Shakespeare genial que ha cruzado ya los treinta sí que encaja en la construcción de esta asombrosa maravilla. Aficionado al 'más difícil todavía', Shakespeare mezcla en ella nada menos que cuatro temas que a saber cómo íbamos a poder distribuirlos y relacionarlos en una comedia que trata sobre la profundidad de las relaciones amorosas: la boda de los nobles Teseo e Hipólita, la disputa por ver quién se casa con la joven Hermia —el chico al que ella ama o el chico que quiere su padre—, los ensayos de otra obra que aspira a ser representada en la boda noble, que trata en parodia la relación amorosa y que realizan unos obreros del reino (obra que, en un triple salto mortal, es representada realmente al final), y por último… el extraño mundo nocturno de las hadas. Imagine el lector tener esos temas en tarjetas de 'ayuda al escritor' sacadas al azar, y veamos qué podemos hacer con todo eso.

Y, claro está, los montajes se presentan igual de complicados para un director. Al principio se daba importancia a lo 'maravilloso' y se creía que era la oportunidad ideal para lucir un conjunto de bailarinas con trajecitos dorados y alas, además de música de Mendelssohn. La revolución del montaje de Peter Brook (1970) alabado como una de las mejores producciones de Shakespeare de todos los tiempos, rompió con esos esquemas y mostró un escenario desnudo y blanco en forma de caja con actores que acudían al verso y las acrobacias para hechizar al espectador.

¿Qué posibilidades había de renovar tras eso? Muy pocas. El que esto escribe ha visto varios montajes donde (por ejemplo en el de Lindsay Kemp) se prescinde del texto y se trata la obra como una especie de recreación orgiástica en medio de los bosques. Esto, con ser muy Kemp, era poco Shakespeare.

Era preciso retornar a la casilla de salida, y ningún montaje español, en mi opinión, lo había conseguido del todo. Parecían tener dos opciones: lo 'maravilloso' de nuevo, o '*à la Brook*', y a veces hacían curiosas mezclas de ambos. Pero se nos olvidaba algo fundamental: Shakespeare hizo su obra con un puñado de actores, sin decorados, con un vestuario más o menos bonito y sin otros efectos especiales que la música y las canciones de un hombre convertido a medias en asno. Lo básico estaba allí, y el director Ramón Paso logró encontrarlo con tan solo siete actores, sin decorados y con un mínimo juego de luces.

Cuando vi el montaje de Paso, me pareció que contemplaba por fin la obra de verdad, la teatral, lejanamente olvidada. Me dije que lo único a lo que se podía aspirar después de eso era a ver la obra en el idioma original. Porque Paso (y aquí lo comprobarán ustedes) respeta con gran seriedad el texto sagrado, aunque juega con la complicidad que otorgan la traducción y las posibilidades de la improvisación, pero en ningún momento oímos líneas encajadas a golpe de martillo para que un público desconocedor de la obra en el siglo XXI se ría. Hay risas y drama en el montaje de Ramón Paso, pero se consiguen con la fuerza de la interpretación de estos siete actores, tres hombres y cuatro mujeres, sin plantear barreras de género, que es la costumbre de hoy —y que va muy bien con la de los tiempos de Shakespeare, donde los hombres hacían los personajes femeninos—: y así, Bottom, o «Fondón», como suele traducirse su nombre, es aquí una actriz, pero con la cabeza de asno encima nos olvidamos de toda diferencia y vemos simplemente a Bottom-Fondón moviéndose y hablando o cantando, sorprendido del amor de Titania, la reina de las hadas, y gesticulando de forma maravillosa para un público que no paraba de reír.

Al haber convertido la obra en un juego de actores sobre un fondo oscuro, Paso acierta en presentar el *Sueño* como lo que es: una comedia extraña donde se mezclan el amor, el miedo, la casi-tragedia, lo sobrenatural, lo rebelde y lo tierno. Enseguida me di cuenta de que su montaje no pretendía —como otros muchos en este y en otros países— dejar al director 'por encima' de los actores o la propia obra sino, al contrario, ocultarlo con la habilidad con que Shakespeare se oculta tras sus tramas y personajes. Era divertido, fascinante, atemorizador en ocasiones (Paso maneja muy bien el terror en escena) y dulce en otras. Tenía algo que a Brook le faltaba: era, también, infantil. Los niños y su mundo mágico de juegos es mucho más serio de lo que los adultos creemos, y Paso también incluye ese mundo en apariencia ingenuo pero nunca superficial.

El libreto de una obra, como el guion de una película, es tan solo la huella dactilar, no la presencia en sí. Pero cuando el libreto lo escribe el mejor dramaturgo de todos los tiempos cobra dimensiones y se levanta por sí solo en nuestra imaginación. El lector está, sin duda, ante un caso similar: el libreto del montaje de Ramón es menos que la obra pero más que simples palabras de personajes. Se alzará ante ti, lector, y reirás y gozarás con él, recordando —si tuviste mi fortuna— el montaje real y vívido, o bien soñando con verlo alguna vez.

Calderón decía, católicamente hablando: «Los sueños, sueños son». Shakespeare quizá fuese católico, o no. Lo que está claro es que nunca dejó traslucir sus ideas religiosas en sus obras, y creó este «Sueño» sin ideologías, sin mensaje alguno, fuese religioso o ateo, salvo el mensaje que cada uno de nosotros quiera extraer, y, en las manos dúctiles

de Ramón Paso, también desprovisto de toda ideología, no es simplemente un «sueño» más.

Es un sueño del que nunca querríamos despertar.

Para mí, como para otros espectadores, el «Sueño» de Ramón Paso fue de una sola noche, y ojalá que de muchas más en el futuro.

José Carlos Somoza.

Dramatis personae

Los enamorados
TESEO
HIPÓLITA
HELENA
DEMETRIO
HERMIA
LISANDRO

EGEO

Los duendes
TITANIA
OBERON
ROBÍN
TELARAÑA
FLORDEGUISANTE
GUINDILLA
POLILLA

Los artesanos
FONDÓN
MEMBRILLO
FLAUTA
HAMBRÓN

Acto Primero
Escena 1.1.

Salen a escena TESEO *e* HIPÓLITA.

TESEO   Bella Hipólita, nuestra hora nupcial ya se acerca. Cuatro días gozosos traerán una nueva luna. Mas, ¡cuán despacio parece menguar esta! Demora mis deseos, como una madrastra o una viuda que merma la herencia de un joven.

HIPÓLITA   Cuatro días cederán presto a cuatro noches. ¡Las que, al igual que un sueño, verán volar el tiempo! Y, entonces, la luna, cual arco de plata tensado en el cielo, alumbrará la noche de nuestros esponsales. No desesperes, amor, anhelando mis caricias, que pronto han de llegar. ¡Anda, mueve a la alegría a los jóvenes de Atenas, despierta el vivo espíritu del gozo! ¡Y manda la tristeza a los entierros; pues tan mustia compañera no conviene a nuestro ánimo ni a nuestra fiesta!

(Sale a escena EGEO, *seguido de su hija* HERMIA, LISANDRO *y* DEMETRIO.)*

EGEO   ¡Feliz sea Teseo, nuestro excelso duque! ¡Y salud a ti, Hipólita, reina de las amazonas!

HIPÓLITA   Gracias, buen Egeo.

TESEO   Dime, amigo mío, ¿qué noticias nos traes?

EGEO   Acudo, con pesadumbre y consternado, a dar queja contra mi amada hija Hermia.

HERMIA   Ya veis, señora, qué padre más amoroso me ha tocado en fortuna.

HIPÓLITA   No debéis quejaros, bella Hermia.

HERMIA   La queja es lo único que me permite mi padre. Todo lo demás me lo prohíbe.

EGEO   Acércate, Demetrio. Noble señor, este hombre tiene mi permiso para desposar a mi hija. ¡Acércate, Lisandro! Este otro le ha embrujado el corazón.

HERMIA   No es mi corazón, lo que Lisandro ha embrujado.

LISANDRO   ¿Yo?

EGEO   Sí, tú, Lisandro: le has enviado versos, y has intercambiado con mi pequeña prendas de amor. A la luz de la luna le has cantado con voz falsa, falsos versos de enamorado. Tú has invadido su fantasía y le has dado caprichos y ramilletes, cosas, todas ellas, que seducen a la dulce inocencia. Con astucia has cautivado su corazón, y trocado en tenaz insumisión la obediencia que solo a mí me debe. Así, mi gran duque, si mi hija se niega a casarse con Demetrio, reclamo el antiguo privilegio de Atenas: disponer de ella, puesto que ella es mía. O se la entrego al noble Demetrio o a la muerte.

HIPÓLITA   ¿Qué respondes, Hermia?

TESEO   Considera, hermosa joven, que tu padre debe ser para ti como un dios.

HERMIA   Como a un dios le considero, buen señor. Le venero en la enfermedad y le olvido en la salud. Y ahora me encuentro perfectamente.

TESEO   Piensa que Demetrio es un joven lleno de virtudes.

HERMIA   También lo es Lisandro.

DEMETRIO   Cede, querida Hermia. Somete tu alocada intención a mi claro derecho.

HERMIA   Tú ya tienes el amor de mi padre; tenga yo el de Lisandro. Cásate con él y te llamaré madre con gusto.

EGEO   ¡Hija insolente y lenguaraz! Demetrio tiene todo mi amor, y por mi amor, le entrego lo que es mío. Y tú eres mía, así que mis derechos sobre ti se los transfiero a Demetrio.

HERMIA   Ojalá mi padre pudiese mirar con mis ojos.

LISANDRO   Mi señor, soy, por nacimiento, igual a él, y de igual patrimonio.

HERMIA   Y su amor es más amor que el de Demetrio.

LISANDRO   Y, lo que cuenta más que mis virtudes, la hermosa Hermia me ama. ¿Por qué tengo que renunciar a mi derecho? Demetrio –y se lo digo a la cara– ha cortejado a Helena, la bella hija de Nédar.

DEMETRIO   ¡Falso!

TESEO   ¿Falso, dices?

DEMETRIO   Me encontraba aturdido, confundido... Luego eso es ¡falso!

HERMIA   ¿Aturdido, confundido? ¿Falso?

DEMETRIO   ¡Falso!

(HERMIA *mira a los duques y después habla a* DEMETRIO.)

HERMIA   ¡¿Cómo te atreves a proferir esas palabras cuando toda Atenas ha sido testigo?! Noble duque, Demetrio le ha robado el alma y conquistado su corazón, y por él, la dulce Helena, suspira, se tira de los cabellos y llora desconsolada desde el alba hasta el anochecer. ¡Con devoción le adora!

Escena 1.2.

Sale HELENA *a escena.*

HELENA ¿Demetrio? ¿Buen Demetrio, dónde estás? ¡Demetrio! ¡Oh, ¿por qué me castigas de forma tan cruel con tu indiferencia?! ¿Acaso no soy dulce y solícita a tus ojos? Tal vez, sea esa la causa de mi terrible desdicha. ¡Malditos hombres, que rechazan lo que se les da, y con ardor buscan lo que se les niega! ¡Malditos! ¿Demetrio? ¿Dulce Demetrio?

(Mutis.)

Escena 1.3.

Continúa.

TESEO   Debo confesar que eso también lo he oído.

DEMETRIO   El corazón, mi señor, es caprichoso, y, en oca-
           siones, sabe aborrecer lo que un día quiso. No
           en vano a Cupido lo pintan ciego.

HERMIA   Os ruego, mi señor, que me digáis lo peor que
           puede sucederme en este caso.

TESEO   La pena de muerte o renunciar para siempre
           al trato con los hombres. Hermosa Hermia,
           medita tus deseos. Considera tu edad, mide
           tus sentimientos y decide si, al no ceder a la
           elección de tu padre, podrás soportar vivir re-
           cluida para siempre en un claustro lóbrego,
           entonando himnos a la fría y estéril luna.

HERMIA   Entonces así creceré, viviré y moriré, mi se-
           ñor, antes que ceder mi privilegio virginal al
           hombre que mi alma rechaza y del que no
           acepto soberanía.

DEMETRIO   *Moi?*

TESEO　　Considéralo despacio. Hermosa Hermia, intenta adaptar tu capricho al deseo de tu padre. Ven, Hipólita. Demetrio, ven conmigo. Y también Egeo. Os he reservado algunas tareas.

(*Mutis de todos menos* LISANDRO *y* HERMIA.)

Escena 1.4.

22

Ya solos.

LISANDRO   ¿Qué sucede, mi amor? ¿Por qué palidecen tus mejillas? ¿Cómo tus rosas se han marchitado tan deprisa?

HERMIA   Tal vez por falta de lluvia, que bien podría darles con la tempestad de mis ojos.

LISANDRO   ¡Ay de mí! A juzgar por lo que jamás se pudo oír o leer en cuento o fábula, el río del verdadero amor nunca fluyó tranquilo.

HERMIA   ¡Ah, Infierno, que elijan nuestro amor ojos de otros! Es cierto que si había conformidad en la elección, la guerra, la muerte o la enfermedad asediaban al amor, volviéndolo frágil como un rumor...

LISANDRO   Así pues, escúchame. Tengo una tía viuda, señora de una gran fortuna, que no tiene descendencia. Reside a siete leguas de Atenas, y me considera como a su propio hijo. Allí, mi dulce Hermia, podré desposarte, ya que la cruel ley de Atenas no nos puede alcanzar.

Si en verdad me amas, huye esta noche de la casa de tu padre.

HERMIA   ¡Sí, Lisandro amado! Esta noche, a una legua de la ciudad, donde una vez me viste con Helena celebrando los ritos de mayo, allí te esperaré.

(*Sale a escena* HELENA.)

LISANDRO   ¡Mantén tu promesa, amor! Mira, ahí llega Helena.

HERMIA   Dios te guarde, bella Helena. ¿A dónde vas?

HELENA   ¿Me has llamado *bella*? ¿De verdad has sido tan cruel conmigo que te has atrevido a llamarme *bella*? ¿*Bella* yo? ¿Hacia dónde va el mundo cuando a una la llaman *bella*? Ese *bella* lo has de retirar, mi dulce Hermia. Pues nombrándome *bella* bien demuestras que mal me quieres, y si yo fuese un hombre jamás osarías llamarme *bella*.

HERMIA   Retirarlo sería faltar a la verdad, así que *bella* te quedas.

HELENA   ¡Oh, Hermia! Para Demetrio solo existe tu belleza. ¡Dicha la tuya! El mal se contagia, aunque no así la hermosura. Oh, si así fuese, antes de irme, mis oídos se contagiarían de tu voz; mis ojos de tu mirada; mi lengua de la tuya, dulce y melódica; y mi pecho crecería a la par que el tuyo. Si el mundo fuera mío daría todo – excepto a Demetrio – para, encogiéndome, poder ser tú. ¡Oh, gentil Hermia, enséñame a ser bella y con qué artes logras el corazón de Demetrio conquistar!

HERMIA   Le pongo el peor de mis ceños, y aun así me ama.

HELENA   ¡Pídele a tu ceño que enseñe ese arte a mi sonrisa!

HERMIA   Le lleno de insultos, y él me llena de amor.

HELENA   ¡Enséñame a insultarle amorosamente para que así me ame!

HERMIA   ¡Cuanto más le odio, más me sigue!

HELENA   ¡Al contrario que en mi caso, que cuanto más le sigo, más me odia!

HERMIA   Su demencia, Helena, no es mi culpa.

HELENA   Claro que no... ¡Es de tu belleza! Por la amistad que desde niñas nos profesamos, te lo pido: ¡hazte fea!

HERMIA   Consuélate, dulce, amable, bella amiga. Nunca más verá mi rostro. Lisandro y yo huiremos de aquí.

HELENA   ¿Vais a huir de Atenas?

LISANDRO   Te desvelaremos nuestros planes, Helena. Hoy, al anochecer, cuando Febe contemple su mirada en el espejo del agua...

HERMIA   En esa hora propicia para esconder a los amantes...

LISANDRO   ¡Las puertas de Atenas verán nuestra fuga!

HERMIA   Y, en el bosque, donde tantas veces tú y yo hemos yacido en amables lechos de primaverales prímulas, vaciando nuestros corazones de virginales tristezas, nos encontraremos Lisandro y yo.

DEMETRIO   (*Fuera de escena.*) ¡Hermia! ¡Hermia!

HERMIA   ¡Aquí está de nuevo, Demetrio! ¡He de huir! ¡Adiós, amable Helena! Guarda nuestro secreto...

HERMIA
/HELENA   Pestillo y al mar.

    (*Hacen gesto de cerrar sus bocas y tirar la llave.*)

HERMIA   Y que Demetrio llegue a amarte como tú a él. ¡No me falles, Lisandro!

LISANDRO   Allí estaré, Hermia. Adiós, Helena. Como tú por Demetrio, que por ti él suspire.

(*Mutis.*)

HELENA   ¡Cuánto más felices son unas que otras! Para Atenas soy tan hermosa como ella, pero, ¿de qué me sirve? Demetrio no lo cree así. Lo que todos saben, él no quiere saberlo. Si no le amase tanto, le llamaría necio, estúpido, ciego y bestezuela inmunda de los pantanos. Mas no puedo decirle nada semejante, porque estoy enamorada de él. ¡Qué cruel eres, Cupido, que mi boca tapas con una mordaza, cuando lo que yo ansío es que Demetrio me la cierre con un beso! ¿Que Demetrio se equivoca amando a Hermia? También me equivoco yo amándole a él. No puedo reprochárselo. Amor ve con la mente; no con los ojos, y por eso dicen que Cupido es un niño, pues solo un niño yerra tanto y tan a menudo en sus elecciones. Y así, por ser niño, es Amor siempre perjuro. ¡Antes que Demetrio de Hermia se prendara, sus promesas de amor eran lluvia fresca en mi corazón! Pero la lluvia del amor de Demetrio, al contacto con el calor de Hermia, se evaporó. ¡Oh, oprobio! ¡Oh, Infierno! Hablaré con Demetrio. Voy a darle noticia de la fuga de Hermia, y, sabiendo que la seguirá sin dudar, yo también le seguiré a él, y, en el bosque, a solas, ya veremos si su honradez se resiste a mi inocencia de doncella.

Escena 1.5.

Salen a escena MEMBRILLO, FLAUTA, HAMBRÓN
y FONDÓN.

MEMBRILLO   ¿Está toda la compañía?

FONDÓN   Será mejor ir nombrando uno a uno, *peculiarmente* y sin otro particular, de acuerdo al libreto que sujetas entre tus... gráciles pezuñas.

MEMBRILLO   Está bien, maeses. Escuchadme. ¡Aquí! ¡Está aquí! Aquí está la lista con los nombres de todos los de Atenas a los que se considera aptos...

FONDÓN   Cuando dice apto, quiere decir *inepto*. Ese es mi caso. Y estoy orgulloso. Prosigue, Membrillo, y sé breve. Tu nombre me da hambre.

MEMBRILLO   ...para representar nuestra obra ante los duques en la feliz noche de su boda.

FONDÓN   Antes, querido maese, cuéntanos de qué trata la obra; después, lee los nombres de los actores y solo entonces llega al final.

MEMBRILLO   Bien, representaremos *La muy lamentable, vergonzosa y tristísima historia del cruel amor y la amorosa muerte de Píramo y Tisbe.*

FONDÓN   Muy buena obra. Puedo asegurarlo, y divertida. Ahora, lee la lista de los cómicos. Muchachos, apartaos un poco.

MEMBRILLO   Responded conforme os llame. Nick Fondón, el tejedor.

FONDÓN   ¡Presente! Dime mi personaje y prosigue. No pierdas tiempo en mí.

MEMBRILLO   A ti, Fondón, te ha tocado hacer de Píramo.

FONDÓN   ¿Quién es Píramo? ¿Un amante, tal vez, o un tirano?

MEMBRILLO   Un amante que se da muerte de forma galante por amor.

FONDÓN   Eso requiere de lágrimas para hacerlo como es debido. Si lo hago yo, cuide el auditorio sus ojos: desencadenaré tempestades. A todo aquel que me escuche, le haré llorar de dolor. Nada habrá más lastimoso y terrible que mi interpretación. Ahora los demás. Aunque lo mío es hacer de tirano. Podría hacer un Hércules formidable o cualquier otro papel que requiera vociferar, bramar y causar *confusión:*
Las rocas rugientes,
los golpes rompientes

> *destrozan los cierres*
> *de toda prisión.*
> *Y el carro de Febo,*
> *que brilla a lo lejos,*
> *al destino necio*
> *trae la destrucción.*
> ¡Qué sublime! Y ahora llama al resto de los comediantes, Membrillo. Esta era mi vena de Hércules, al estilo de tirano. Muy desagradable de oír. La del amante es más sentimental.

MEMBRILLO   Harás de Píramo.

(FONDÓN *se aparta.*)

FONDÓN   Si esa es tu *indisposición*, así lo haré. Mi estilo de amante será más doliente. Prometo grandes dolores y sufrimientos a quien me escuche.

MEMBRILLO   ¡Francis Flauta, el soplafuelles!

FLAUTA   Aquí, maese Membrillo.

MEMBRILLO   Flauta, tú debes hacer de Tisbe.

FLAUTA   ¿Quién es Tisbe? ¿Un caballero andante?

MEMBRILLO   Es la dama a la que ama Píramo.

FLAUTA   Oye, no. Espera. No me deis otra vez un papel de mujer: por fin ya me está saliendo la barba.

MEMBRILLO   No importa. Puedes hablar con voz fina.

FONDÓN   ¡Déjame hacer de enamorada también! Hablaré con una voz monstruosamente femenina. ¿Cómo era el nombre? *Tiznada, Tiznada. Mi bienamada, Tiznada. ¡Ah, Píramo, amado mío, soy tu cara señora, tu cara Tiznada!*

MEMBRILLO   Tú harás Píramo; y tú, Flauta, serás Tisbe. Robert Hambrón, el ebanista.

HAMBRÓN   ¡Presente, Membrillo!

MEMBRILLO   Tú harás el papel del león. Espero que el reparto sea el acertado.

HAMBRÓN   ¿Tienes escrita la parte del león? Por favor, si la tienes, dámela, que soy lento en el estudio.

MEMBRILLO   Puedes improvisarlo: solo hay que rugir.

FONDÓN   ¡Déjame hacer de león! Rugiré de tal forma que dará gusto oírme. Mi rugido impulsará al duque a decir: *¡Que ruja de nuevo, por favor, que ruja otra vez! ¡Os lo suplico, dejad que vuelva a rugir!*

MEMBRILLO   No, tu rugido sería tan tremendo que asustarías a la duquesa, y gritarían... y por ello nos ahorcarían a todos.

HAMBRÓN   ¡A todos y a cada hijo de vecino!

FONDÓN   Es cierto, maeses, que si de muerte asusta-
ra a las damas, no tendrían más *diversión*
que ahorcarnos. Pero yo conseguiré *agra-
viar* mi voz para poder rugir con la dulzura de un trino de tórtola. Os rugiré como lo
haría un ruiseñor.

(FONDÓN *ruge.*)

MEMBRILLO   No. No harás otro papel que el de Píramo.
Píramo es tan apuesto como el que más en
un día de verano, un ser amable y caballero-
so. ¡El protagonista!

FONDÓN   Aceptaré el encargo. Seré Píramo.

MEMBRILLO   Amigos, aprendeos los papeles para esta noche. Nos reuniremos en el bosque a una le-
gua de Atenas. Allí ensayaremos.

FONDÓN   Nos reuniremos y podremos ensayar con toda
obscenidad y osadía. ¡Ponedle pasión, maeses! Que salga perfectamente imperfecto.

MEMBRILLO   ¡Despidámonos ya, y bellaco el que falte!

TODOS   ¡Hurra!

(*Mutis. Queda* FONDÓN *en escena.*)

FONDÓN   Está bien. Me encargaré de *ese* Píramo. ¿Qué
barba será mejor para este papel? ¿Barba de
color paja? ¿Barba cobriza? ¿Barba carmesí?

¿O barba dorada como una corona de oro francesa? ¿O, tal vez, sin barba? Sí, lo haré sin barba. Así se verá mejor mi cara. ¡Hurra!

(*Mutis.*)

Acto Segundo
Escena 2.1.

Salen a escena Telaraña *y* Robín.

Robín   ¿Qué hay, espíritu? ¿Por dónde vagas?

Telaraña   Por valle y collado, por soto y brezal, por el agua y el fuego, por doquier me muevo veloz, como la luna en su esfera. Y sirvo a mi reina, Titania. Si no confundo tu forma y aspecto, eres el espíritu burlón y travieso al que llaman Robín. ¿No eres tú, quizá, el que asusta a las mozas del lugar, la leche desnatas y a la matrona enloqueces, cambiando la olla por la sartén de lugar?

Robín   Muy bien me conoces. Yo soy ese feliz espíritu de la noche. Pero permite que mi causa defienda. No es por chanza que me ría, sino que por alegrar a mi amo, Oberon, a las mozas libero del pesado yugo de su virginidad, haciéndome pasar por buhonero, tal vez. Y si sorbo la nata de la leche es solo para que las comadres no engorden, y, en pago a su dulzura, entre sus faldas, con nuevas dulzuras las premio.

Telaraña   Déjame, necio y burdo espíritu. La reina y todos sus elfos van a venir.

ROBÍN   Esta noche el rey festeja en este bosque. Procura que la reina no tropiece con él, pues Oberon se encuentra cegado de ira y presa de infernales celos.

TELARAÑA   ¡No es menos mi señora, que también furibunda, evita al rey, consumida por igual motivo al que esgrime Oberon! ¡Ahí viene la reina! Vayamos a su encuentro.

ROBÍN   ¡Y ahí, mi señor! Seamos sabios: ¡escondámonos!

Escena 2.2.

Salen a escena OBERON *y* TITANIA *con su séquito.*

OBERON   Mal hallada, bajo la luna, altiva Titania.

TITANIA   ¿Cómo? ¡El celoso Oberon! Marchémonos de aquí, hadas, pues he repudiado su compañía... y su lecho.

OBERON   ¡Deteneos! ¡Vos, rebelde! ¡¿No soy yo vuestro señor?!

TITANIA   Entonces debo ser yo vuestra señora.

OBERON   Convenimos en ambas afirmaciones, mi señora.

TITANIA   Convenimos, mi señor. Aunque bien conozco las innumerables veces que habéis huido, protegido por la luna, del país de las hadas y, adoptando la imagen de un joven poeta, habéis pasado la noche a los pies del lecho de Hipólita tocando la flauta de caña, y cantando, además, versos apasionados. ¿Por qué habéis vuelto de los lejanos confines de la India si no porque vuestra valiente amazona, vuestra amante guerrera, va a desposarse con Teseo?

OBERON   No sé de qué me estáis hablando, señora. ¡Inventáis!

TITANIA   ¿Que yo invento?

OBERON   Así lo creo. Inventáis, presa de los celos. ¡Sois fatua!

TITANIA   Si yo invento, presa de los celos, como vos decís, si soy fatua, ¿a qué venís, diablo de la noche, sino a gozar con ella su lecho nupcial, adelantándoos así al privilegio de esposo del confiado Teseo?

OBERON   ¿Cómo podéis tener la insolencia, Titania, de aludir a mi afinidad con Hipólita cuando sé de vuestro amor por Teseo?

TITANIA   No sé de qué me estáis hablando, señor. ¡Inventáis!

OBERON   ¿Que yo invento?

TITANIA   Así lo creo. Inventáis, presa de los celos. ¡Sois fatuo!

OBERON   ¡Vos, señora, presa de los celos, arrancasteis a Teseo, al amparo de las tinieblas, de millares de dulces amantes! ¡Tal es el embrujo de vuestro amor sobre Teseo!

TITANIA   ¡Habladurías!

OBERON ¿Habladurías? (*Indignado.*) ¡Ambos no habéis dejado de daros cita amorosa en cerros, valles y prados! ¡Mucho ha sido vuestro afán amoroso!

TITANIA Todo eso no es sino quimera de celos. Jamás nos hemos visto el noble Teseo y yo en cerros, valle o prado, bailando en corro, sin que vos, con vuestros alborotos, hayáis venido a turbar nuestros juegos.

OBERON ¡Ja! Luego concedéis haberle visto.

TITANIA Concedo que le he visto, pero es lo único que puedo conceder, mi señor. Pues por culpa de vuestros artificios, travesuras e infernales algarabías, no he podido conceder a Teseo lo que mi deseo ansiaba concederle.

OBERON ¡Bribona!

TITANIA ¡Celoso!

OBERON Poned remedio, señora. De vos depende. ¿Por qué Titania ofende a su Oberon? Todo lo que estoy pidiendo es que dejéis en paz a Teseo, y volváis a mi lecho, por vuestro capricho, solitario.

TITANIA No puedo.

OBERON ¿No podéis?

TITANIA   Es que aún me queda un asunto por resolver
              con el buen Teseo antes de que sus votos nup-
              ciales sean pronunciados, y ni todo el país de
              las hadas bastaría para comprar ese instante
              que me reservo con deseo. Conceded vos en
              dejar en paz a Hipólita. ¿Por qué Oberon ofen-
              de a su Titania? Sólo os pido que os olvidéis
              de la amazona.

OBERON   No puedo.

TITANIA   ¿No podéis?

OBERON   Es que aún me queda un asunto por resolver
              con la bella Hipólita antes de que sus votos
              nupciales sean pronunciados, y ni todo el país
              de las hadas bastaría para comprar ese instan-
              te que me reservo con deseo. ¡Ceded vos pri-
              mero! ¡Abandonad a Teseo!

TITANIA   ¡Abandonad a Hipólita!

OBERON   ¡Vos primero!

TITANIA   ¡Dadme ejemplo, mi señor, siendo el prime-
              ro! Pues me niego a hacerlo antes de que vos
              abandonéis vuestra relación con Hipólita.

OBERON   ¡Conceded, señora!

TITANIA   Vos primero, buen señor.

OBERON ¿Cuánto tiempo pensáis quedaros en este bosque?

TITANIA Quizás hasta el día de las nupcias de Teseo. Si podéis uniros, paciente, a nuestras danzas, y participar de nuestra fiesta al claro de luna, venid con nosotras. De otro modo, alejaos de mí, que yo evitaré vuestros sagrados ritos.

OBERON Olvidad a Teseo e iré con vos y bailaré en vuestra hoguera.

TITANIA Ni por todo vuestro reino encantado. ¡Olvidad vos a Hipólita! Alejémonos, hadas, si sigo aquí un instante más habrá un altercado.

(*Mutis de* TITANIA *y su séquito.*)

Escena 2.3.

OBERON *solo.*

OBERON   Bien, reina de las hadas, sigue tu camino. No habrás de salir de este bosque hasta que te haya atormentado por tu afrenta. Mi fiel Robín, acércate. ¿Recuerdas la vez que, sentados, oímos a una sirena montada en un delfín entonar tan armoniosas melodías que el rudo mar se apaciguó con su canto?

ROBÍN   No, mi señor.

OBERON   Haz memoria, truhán. Aquella vez vi – aunque tú no podías – a Cupido. Apuntó, y un armonioso dardo partió fugaz de su arco. Cayó la flecha sobre una florecilla de Occidente. Su jugo aplicado sobre párpados dormidos, hace que el hombre o la mujer se enamore locamente del primer ser vivo al que vea. Tráeme la flor, truhán, y vuelve antes de que el leviatán nade una legua.

ROBÍN   ¡Rodearé con un cinto la Tierra cinco veces en cuarenta minutos!

OBERON Pues vete, entonces. ¿A qué esperas? (*Mutis de* ROBÍN.) En cuanto Titania duerma, me acercaré con precaución a su lecho, y verteré el líquido sobre sus ojos. Al primer ser vivo que vea cuando despierte, lo seguirá presa de las incontrolables ansias del amor. Y antes de que yo la libre del hechizo, y puedo quitárselo con otra flor, la obligaré a renunciar a sus amores con Teseo.

HELENA (*Voz en off.*) ¡Demetrio, Demetrio, dulce Demetrio!

Escena 2.4.

Sale a escena Demetrio *seguido de* Helena. Oberon *les observa convenientemente escondido.*

Demetrio   ¿Por qué tienes que seguirme así, si yo no te amo?

Helena   ¡Pero es que yo sí te amo a ti! En verdad que tú me ames o no, es más un problema tuyo que mío.

Demetrio   Es de noche. Te caerás.

Helena   Mi amor brilla claro como el sol.

Demetrio   ¡Aquí no hay sol!

Helena   Ah, es cierto. Mi amor brilla claro como la luna.

Demetrio   ¿Dónde están Lisandro y la bella Hermia? A él le mataré...

Helena   Si es tu deseo...

Demetrio   Ya que ella me mata a mí.

HELENA ¿Ves? Eso ya no puedo permitirlo.

DEMETRIO Dijiste que se escondían en el bosque, y aquí estoy, delirando como un loco. ¡Vete, márchate y deja de seguirme!

HELENA ¡Tú me atraes, imán duro y despiadado! No es que yo sea hierro: mi alma es fiel como el acero. Pierde tú el poder de atraer y yo no tendré poder para seguirte.

DEMETRIO ¿Acaso te seduzco?

HELENA Tus ojos lo hacen.

DEMETRIO ¿Acaso te adulo?

HELENA Tus ojos lo hacen.

DEMETRIO Debería sacármelos.

HELENA ¡Hazlo y dámelos! Los guardaré en una cajita junto a mi pecho. No dudes, Demetrio, arráncatelos. Si te he de conseguir trozo a trozo, que así sea. Venga, arráncalos, ¿qué te detiene?

DEMETRIO ¡La cordura!

HELENA Ay, esa señora y yo no hemos sido presentadas.

DEMETRIO A la vista está. ¿No te digo con toda franqueza que no te quiero?

HELENA   Y yo te quiero aún más por tu franqueza. ¡Soy tu perrita! Demetrio, cuanto más me pegues tú, más zalamera seré yo. Trátame como una perrita, consiente, te lo ruego. ¡Dame golpes, puntapiés, desatiéndeme, abandóname, mas consiente que, indigna como soy, pueda seguirte! ¿Qué peor lugar puedo ocupar en tu amor –aún siendo para mí un puesto de honor– que dormir a los pies de tu lecho? Y yo aun así, sería feliz, porque en el amor encontramos el más sublime de los gozos en el más cruel de los sufrimientos.

DEMETRIO   No fuerces el odio de mi alma, pues me pongo enfermo solo con verte.

HELENA   Y yo me pongo enferma si no te tengo ante mi vista.

DEMETRIO   Aventuras demasiado tu pudor saliendo de la ciudad, exponiéndote a los azares de la noche y a la tentación de un lugar solitario con el rico tesoro de tu virginidad. ¡Vete o te tomaré!

HELENA   ¡Pero si es eso justo lo que deseo, amor mío! ¡Tómame! ¡Por fin lo entiendes! ¡Tómame, tómame, tómame! Tómame, pues tú para mí eres el mundo entero.

DEMETRIO   Huiré, y me ocultaré entre las matas dejándote a merced de las fieras.

HELENA   Ni la más cruel tiene el corazón como tú. Huye cuanto quieras y le darás la vuelta a la fábula: Apolo huye, y Dafne le da caza; la paloma persigue al gavilán; la gacela corre por atrapar al tigre. ¡Ah, vana carrera cuando huye el valor y persigue el miedo!

DEMETRIO   Si me sigues, ten por cierto que te ofenderé aquí, en el bosque.

HELENA   Oh, en el templo, en la ciudad, en la campiña, me ofendes. Tus despiadados agravios deshonran a mi sexo: nosotras no tenemos vuestras armas para luchar por el amor, debemos ser cortejadas y no ser nosotras quienes cortejen.

DEMETRIO   ¡Ah!

(*Mutis de* DEMETRIO.)

HELENA   Te seguiré hasta lo más profundo del bosque. Haré del Infierno un Cielo, muriendo a manos de a quien tanto amo.

(*Mutis de* HELENA.)

OBERON   Adiós, ninfa. Antes de salir de este bosque serás tú quien huya, y él quien corra tras tu amor. (*Sale a escena* ROBÍN.) Bienvenido seas, truhán de la noche. ¿Tienes la flor?

ROBÍN   Sí, aquí la tengo.

OBERON   Te lo ruego, dámela. Tú llévate un poco, y en
          la foresta busca a una dulce ateniense que mue-
          re por un joven ingrato. Unge los ojos de él,
          pero hazlo cuando lo primero que vaya a ver
          sea dicha dama. El joven lleva ropa ateniense
          y es de aspecto cortés. Y ven a verme antes de
          que el gallo cante.

ROBÍN   No tema, mi señor. Su siervo así lo hará.

Escena 2.5.

Sale a escena Titania, *seguida por su séquito.*

Titania   Vamos, bailad en corro y cantad hasta que yo duerma. Después, id a vuestros oficios. Dejadme descansar.

(Titania *se duerme.*)

Telaraña   ¡Desapareced, hermanas mías! ¡Todo está sosegado! Que solo una quede de centinela. ¡Polilla! Jamás ni magia o embrujo al hada venerada acechará.

(*Mutis de las hadas. Sale a escena* Oberon.)

Oberon   Que aquello que veas cuando despiertes
como a tu gran amor quieras y aceptes.
Le amarás y por él languidecerás.
Y sea fiera, gato, oso,
leopardo o jabalí de cresta erizada,
cuando asome ante tu mirada
dirás *te amo.* Abre tus ojos al instante,
cuando lo que aparezca sea horripilante.

(*Mutis de* Oberon.)

Escena 2.6.

Salen a escena HERMIA *y* LISANDRO.

LISANDRO   Mi amor, estás agotada y, a decir verdad, he olvidado el camino. Descansemos hasta el grato albor de la mañana.

HERMIA   Sea, Lisandro. Busca un lecho para ti, yo reclinaré mi cabeza aquí mismo. ¡Lisandro, ¿qué intentas?!

LISANDRO   Que el césped sea un lecho, una fe, un corazón, un juramento.

HERMIA   Te lo pido por mi corazón, acuéstate lejos, por favor.

LISANDRO   ¡Mi intención, querida Hermia, es inocente!

HERMIA   Tu intención puede ser inocente, pero tus manos, sin duda, son culpables.

LISANDRO   Lo que digo es que mi pecho se una al tuyo de tal modo que ambos sean uno. No me niegues dormir a tu lado. Piensa que el amor es sincero, y con este enredo no te habré enredado.

HERMIA Lisandro juega bien con las palabras. Tienes hábil lengua –si lo sabré yo– pero también juego yo bien con manos y pies, y si el dulce Lisandro se acerca a mi lecho, no dudaré en darle manotazos y patadas. Y si no fuera suficiente me ayudaré de... un palo.

LISANDRO Amén a esa dulce plegaria digo. Y que cese mi vida si no soy leal compañero. Mi lecho está aquí; sea tu alivio el dulce sueño.

HERMIA Buenas noches, descansa, y mientras vivas, que tu amor no cambie. (LISANDRO *se duerme.*) ¿Lisandro? ¿Lisandro? ¡Se ha dormido! ¡Será canalla! ¿No sabe que, en ocasiones, cuando una joven dice *no te acerques*, lo que está diciendo es *acércate*? Veré si puedo despertarle, fingiendo casualidad y despiste. Nada. Como un leño. Duerme, mi buen Lisandro, y que tu prudencia, aunque me deje ahíta de deseo, también me haga ver que he acertado en la elección. Buenas noches, amor. Buenas noches.

(*Se duerme. Sale a escena* ROBÍN.)

ROBÍN Todo el bosque he recorrido sin dar con el de Atenas. Noche y silencio. ¿Quién duerme ahí? Viste con ropa ateniense. Es el joven que mi señor dijo que despreciaba a su amor. Y aquí está ella, durmiendo en el sucio y frío suelo. Pobrecilla, no se ha atrevido a yacer junto al cruel muchacho. ¡Ruin, despiadado, miserable! La cuenca de tus ojos bautizo con todo el poder de este hechizo. Que el amor, cuando despiertes, los ojos no te cierre a la belleza de esta dulce ateniense. Despierta cuando me aleje, pues me voy a ver a Oberon.

(*Mutis de* Robín. *Sale a escena, huyendo despavorido,* Demetrio, *perseguido por* Helena.)

Demetrio   Aléjate de mí, y no me acoses más.

Helena   ¡Dulce Demetrio, detente, aunque solo sea para matarme! ¡No pido mucho!

Demetrio   ¡Loca!

Helena   ¡De amor por ti! (*Mutis de* Demetrio.) Me llama *loca*. ¿Por qué lo hará? Yo preferiría *bella* o *esposa*. Me roba el aliento esta caza de amor. Es curioso, pero cuanto más me ofrezco, menos obtengo. Ahí está, ¡durmiendo! ¡Feliz Hermia, pues sus ojos lo atraen, lo embelesan! ¿Cómo es que sus ojos tienen tanto brillo? Sólo es una enana rechoncha. Tiene buen pecho. Eso hay que reconocérselo. Mirándola comprendo la verdad. Demetrio no me quiere porque soy fea como un oso. Por eso cuando en el bosque animales encuentro huyen de mí despavoridos. ¿Lisandro? ¿Está muerto o dormido? No veo sangre. Lisandro, si vives, despierta.

Lisandro   (*Despertando.*) Atravesaré el fuego por tu dulce amor. ¿Dónde está Demetrio? Su nombre es despreciable. ¡He de vengar a mi amada!

HELENA   No digas eso, Lisandro, no, cállate. ¿Y qué si ama a tu Hermia? ¿Y qué? Si Hermia es a ti a quien quiere, confórmate.

LISANDRO   ¿Conformarme con Hermia? No, me he equivocado. Reniego de los minutos que con ella pasé. Hermia, no. Helena es a quien amo. ¿Quién no cambiaría cuervo por paloma?

HELENA   *(Escapándose de él.)* ¿En verdad he nacido para soportar esta broma cruel, Lisandro? ¿Qué he hecho para que te rías de mí? ¿No es bastante, no es suficiente mal, no haber merecido la mirada amable de Demetrio, como para que ahora tú te burles de mí? Muy mal, señor. Muy mal. Adiós en buena hora. He de confesarte que te tenía por gentil caballero. ¡Ah, que encima de que un hombre me rechace, vaya otro y me insulte!

(Mutis de HELENA.*)*

LISANDRO   ¡Hermia! Ahora todo mi ímpetu y el poder de mi amor lo consagro a la dulce Helena.

(Mutis.)

HERMIA   ¡Ay de mí! Un sueño turba mi sosiego. Lisandro, mira cómo tiemblo de inquietud. ¡Lisandro! ¡Lisandro! ¿Dulce Lisandro?

(Mutis.)

Escena 2.7.

Sale a escena HIPÓLITA *seguida por* TESEO.

TESEO Hipólita, te he cortejado con mi espada, hiriéndote de amor. Mas voy a desposarte en otro tono: con festejo, celebración y alegría. No enturbies nuestras nupcias por tan poca cosa.

HIPÓLITA ¿Tan poca cosa? ¿Tan poca cosa, decís? (TESEO *va a hablar y ella le interrumpe.*) ¿Condenar a una joven, por todo lo demás virtuosa, a la muerte o a una vida de estéril celibato, tan contrario este a los afanes de la juventud y de la belleza, *tan poca cosa,* lo llamáis? (TESEO *va a hablar y ella le interrumpe.*) ¿Obligar a la dulce Hermia a, venciendo su pasión, emprender tan casto peregrinaje, *poca cosa,* lo llamáis? (TESEO *va a hablar y ella le interrumpe con un gesto de la mano.*) ¡No habléis más! ¡Mis oídos están cansados de escucharos! ¡Adiós!

(*Mutis de* HIPÓLITA, *seguida de* TESEO.)

TESEO ¡Hipólita, Hipólita, dulce Hipólita!

Acto Tercero
Escena 3.1.

Salen a escena FONDÓN, MEMBRILLO, FLAUTA y HAMBRÓN.

FONDÓN   ¿Estamos todos?

MEMBRILLO   ¡Y a la hora! Este sitio es formidable para ensayar. La hierba será el escenario; y esta mata de espino, los bastidores. ¡Actuaremos igual que después ante el duque!

HAMBRÓN   Propongo que lo hagamos primero, peor... Así luego tendremos la oportunidad de mejorar.

MEMBRILLO   ¡Buena idea! Para facilitar la comprensión de nuestro drama, donde los padres de Píramo y Tisbe se oponen al amor de los amantes, he tomado la muy brillante decisión de eliminar a los padres de ambos, dejándoles huérfanos. Así, no habiendo oposición, la tragedia será más feliz.

FONDÓN   Maese Membrillo.

MEMBRILLO   ¿Qué quiere mi gran Fondón?

FONDÓN   Hay algunas cosas en esta comedia...

MEMBRILLO   Tragedia.

FONDÓN   ... de Píramo y *Tristi...*

MEMBRILLO   Tisbe.

FONDÓN   ... que no van a agradar. Primera, Píramo desenvaina y se mata. Las damas no lo soportarán. ¿Qué me decís?

FLAUTA   ¡Por el cielo! Justísimo temor.

HAMBRÓN   Creo que podríamos omitir las muertes en la representación.

MEMBRILLO   Imposible, maese Hambrón. Nuestra obra lleva por título *La muy lamentable, vergonzosa y tristísima historia del cruel amor y la amorosa muerte de Píramo y Tisbe*. El público esperará muertes.

BOCAZAS   Y que seamos muy lamentables.

MEMBRILLO   ¡Lo seremos, sin dudar!

FONDÓN   Nada de eso: con una idea que tengo quedará todo bien. Escribidme un prólogo en el que se aclare que no haremos ningún daño con las espadas, y que Píramo no muere de verdad; y, para más seguridad, les diremos que yo, Píramo, no soy Píramo, sino Nick Fondón, el tejedor. Eso hará desaparecer todo temor.

MEMBRILLO   Está bien, escribiremos el prólogo en versos de ocho y seis.

FONDÓN   No, dos sílabas más: versos de ocho y... seis está bien.

FLAUTA   ¿Y el león no asustará a las damas?

HAMBRÓN   Oh, me lo temo. Os lo aseguro.

FONDÓN   Maeses, tenemos que pensarlo bien. Meter un león entre damas, ¡Dios nos libre!, es cosa de espanto, pues no hay pájaro más terrible que el león. Sé de lo que hablo. He visto algunos. Habría que llevar cuidado.

HAMBRÓN   Pues nada; otro prólogo diciendo que el león no es un león.

FONDÓN   Sí, y dando, además, el nombre del actor, y que se le vea media cara o la cara entera, y que hable él mismo, diciendo esto o aquello obra de su propia *torpeza: Damas...* o tal vez... *Bellas damas...* Habrá que ver al público primero, claro... *Damas o bellas damas, desearía...* o, a lo mejor, *os rogaría...* o *yo os suplicaría que no temáis, que no tembléis. Si creéis que vengo aquí como león, no merezco vivir. No, no soy tal cosa. Soy un hombre como cualquier otro, o, en todo caso, un poco peor.* Y, entonces, que diga su nombre y les diga a las claras y con mucha *indignidad* que no es otro que Robert Hambrón, el ebanista.

MEMBRILLO Muy bien. Así se hará. Pero hay otras dos dificultades. Una es meter la luna en el salón. Ya sabéis que Píramo y Tisbe se encuentran a la luz de la luna.

FLAUTA ¿Habrá luna la noche de nuestra función?

MEMBRILLO Mira en el almanaque. Mira cuándo hay luna, ¡cuándo hay luna!

HAMBRÓN La luna brillará esa noche. ¡La luna brillará esa noche!

FONDÓN Entonces, dejemos abierta una hoja de la ventana del salón donde representemos y la luna mostrará su luz a través del postigo.

FLAUTA ¡Qué ingenioso!

MEMBRILLO La segunda dificultad es meter un muro dentro del salón. Pues Píramo y Tisbe, según la historia, hablaban a través de una grieta que había en un muro.

FLAUTA Un muro no se puede meter en la mansión de un duque.

MEMBRILLO Es impropio de caballeros ir con muro a casa ajena.

HAMBRÓN ¿Tú qué dices, Fondón?

FONDÓN Será menester que alguien represente al muro.

MEMBRILLO   ¡Hambrón! ¡Maese Robert Hambrón, lo hará!

HAMBRÓN   ¿Yo? Eso son dos personajes.

MEMBRILLO   ¡Tendrás que esforzarte!

HAMBRÓN   ¡No, no, no!

(*Mutis.*)

MEMBRILLO   Ya volverá.

FONDÓN   Bastará con ponerle algunos emplastos de yeso, argamasa o ardiente cal encima para indicar que es un muro. Y que ponga los dedos así, y por este agujero, ellos, Píramo y *Trasto...*

MEMBRILLO   Tisbe.

FONDÓN   *Mustiarán* sus alabanzas de amor.

MEMBRILLO   Musitarán.

FONDÓN   Eso he dicho. *Mustiarán* sus alabanzas de amor.

MEMBRILLO   Vamos, todo hijo de vecino a sentarse y ensayar su papel. Píramo, tú empiezas. Al acabar tu recitado, te metes en ese matorral. Y así los demás, según os toque.

(*Sale a escena* ROBÍN.)

FONDÓN   Te aseguro, amigo mío, que bien haré *sangrar* tus oídos con mi interpretación. Confía en mí.

ROBÍN   ¿Qué vocean estos rústicos patanes al pie de donde duerme la reina de las hadas? ¿Cómo, alguna comedia? Seré espectador, y, tal vez, actor, si se presenta la oportunidad.

MEMBRILLO   Habla, Píramo. Tisbe, acércate.

FONDÓN   Encierran las flores sabor *ojeroso*...

MEMBRILLO   Oloroso.

FONDÓN   Sabor oloroso. Igual es tu aliento, mi... mi... mi... ¡Frase!

MEMBRILLO   Tisbe.

FONDÓN   ¡Tisbe! Encierran las flores sabor *odioso*...

MEMBRILLO   Oloroso. ¡Oloroso!

FONDÓN   Oloroso sabor encierran. Igual que tu aliento, mi Tisbe querida. Mas, escucha. ¡Una voz! Aguarda aquí un instante, que Píramo volverá en seguida.

ROBÍN   Píramo más raro jamás se vería. Aderecémosle, y mostremos lo que lleva por dentro, también por fuera.

(ROBÍN *echa unos polvos mágicos a* FONDÓN.)

FLAUTA   ¿Me toca a mí ahora?

MEMBRILLO   Pues claro que sí. Él sale a ver el ruido que ha oído y tiene que volver.

FLAUTA   Ah, Píramo, radiante, del color de los lirios,
de tez cual rosas rojas en triunfante rosal,
juvenil, rozagante, el más bello judío,
caballo fiel que nunca se podría fatigar.
Oh, amado mío, nos veremos en la tumba
del *niño*.

MEMBRILLO   ¡Tumba de Nino, tú! ¡De Nino, por Dios! No del niño. Pero eso no tienes que decirlo todavía. Es tu respuesta a Píramo. Debes aguardar la réplica. Entra Píramo. Ya te ha dado el pie: *se podría fatigar.*

FLAUTA   Caballo fiel que nunca se podría fatigar.

FONDÓN   Si fuera hermoso, Tiña, tuyo sería. Si fuera hermoso, Tiña, tuyo sería. (*Cuando* FONDÓN *sale del matorral, su cabeza es la de un asno.*) Si fuera hermoso, Tiña... Si fuera hermoso, Tiña... ¡Frase!

MEMBRILLO   ¡Oh, monstruosidad! ¡Oh, prodigio! ¡Huye, amigo!

FLAUTA   ¡Nos han embrujado!

MEMBRILLO   Fondón, te han cambiado. ¿Qué veo sobre tus hombros?

FONDÓN   ¿Que qué ves? Lo que ves es tu cara de burro. ¿No es cierto?

MEMBRILLO   Pobre de ti. Pobre de ti, te han transformado. ¡Lo han encantado! ¡Se ha convertido en un ser del demonio!

(*Mutis de los cómicos.*)

ROBÍN   ¡Os seguiré, truhanes! He de conduciros a través de sotos y malezas, frondas y arbustos, ya como caballo o como perro furioso, como oso sin cabeza, jabalí, o, tal vez, llama de fuego, y relincharé, ladraré, rugiré, gruñiré o fogosos destellos lanzaré. ¡Huid, insensatos! ¡Huid!

(*Mutis de* ROBÍN, *riendo.*)

Escena 3.2.

Fondón *solo.*

Fondón ¿Por qué huyen así? Ah, ya veo la travesura, quieren meterme miedo y hacerme quedar como un burro. Yo soy muchas cosas, maeses, pero no soy un burro. Poco tengo yo de burro, por no decir nada. Hay pocas personas principales en Atenas que sean menos burras que yo. De aquí no pienso moverme hagan lo que hagan. Y cantaré para que vean que no tengo miedo.
(*Cantando.*) Jilguero, alondra y pardal,
la llana voz del cuco,
que todos suelen escuchar,
mas responder, ninguno.

(Titania *despierta.*)

Titania ¿Qué dulce canción escuchan mis oídos? Espero que, ese ángel cantarín, sea, al menos, tan bello como hermosa es su voz.

Fondón (*Cantando.*) El mirlo de pico azafrán,
negro como el hollín,
el tordo y el esparaván
y el gorrión saltarín.

TITANIA   Os lo ruego, buen mortal, cantad otra vez;
               vuestro dulce canto enamora mis oídos. A mis
               ojos vuestra apuesta figura ha cautivado, y el
               irresistible poder de vuestra belleza me em-
               puja a deciros: ¡os amo!

FONDÓN   ¿A mí?

TITANIA   ¡A vos!

FONDÓN   Pienso, señora, que os falta razón para amar-
               me, aunque la verdad es que la razón y el amor
               en estos tiempos rara vez van juntos. Y es la-
               mentable que ningún vecino los reconcilie.
               Esta, señora, es mi vena mística. Incómoda de
               escuchar, os lo aseguro.

TITANIA   Sois tan sabio como hermoso.

FONDÓN   Más que hermoso, yo me veo con cierta gracia.

TITANIA   ¡Y humilde!

FONDÓN   Es verdad que mi casa es pequeña, pero vea-
               mos si logro que esa gracia me sirva para es-
               capar del bosque.

TITANIA   ¡Ni soñéis con de este bosque escapar! Os gus-
               te o no debéis hacerme compañía. Jamás he
               visto a un ser tan hermoso como vos. No me
               privéis de vuestra presencia, que es misterio-
               sa como la luna. Vos, señor, sois un dios, ¡qué
               digo un dios!, un brujo sois, pues de amor me

habéis hechizado. Tanto os estimo, amigo mío, que entera me ofrezco a vos.

FONDÓN   Ah, muy bien, entonces.

TITANIA   Espíritu soy de alta condición. El verano jamás se extingue en mis dominios. De grandes dones soy poseedora, y todos a vuestros pies los rindo. Y digo, convencida, de nuevo, que os amo.

FONDÓN   La primera vez os oí, señora, pero no me lo pude creer.

TITANIA   Creedlo, mi buen señor. Creedlo. Soy la más hermosa criatura de este bosque, y hasta conoceros, no encontré belleza que con la mía rivalizase. Os ofreceré a mis hadas que atenderán vuestros deseos. Del océano os traerán joyas y ricos presentes. Y mientras dormís sobre rosas os arrullarán sus cantos. Mientras, yo, amado mío, solo pido poder miraros embelesada. En vuestros ojos, gentil señor, adivino de qué belleza hablan los poetas. ¡Flordeguisante, Telaraña!

(Salen a escena las hadas.)

FLORDEGUISANTE   ¡Lista!

TELARAÑA   ¡A vuestras órdenes, señora!

TITANIA   ¡Guindilla!

GUINDILLA   ¿Qué deseáis, reina de las hadas?

TITANIA   Servid, os lo ruego, amigas mías, a esta belleza sin igual.

TELARAÑA   ¿A quién os referís, señora?

TITANIA   ¿No lo veis? Oh, amado mío, ¿cómo he podido vivir hasta ahora sin el dulce arrullo de vuestra voz? Sed amables y corteses con este caballero, pues su grandeza así lo merece. ¡Inclinaos ante él, hadas, y rendidle pleitesía!

TELARAÑA   ¡Salve, mortal!

GUINDILLA   ¡Salve, mortal!

FLORDEG.   ¡Salve, mortal!

FONDÓN   Agradezco tanta amabilidad a vuestras señorías. Vos, ¿cómo os llamáis?

TELARAÑA   Telaraña.

FONDÓN   Espero que seamos amigos, doña Telaraña. No quiero enredarme con vos. ¿Vuestro nombre, por favor?

FLORDEG.   Flordeguisante.

FONDÓN   Os lo ruego, saludad de mi parte a la señora Vaina, vuestra madre, y al señor Guisante, vuestro padre. ¿Queréis decirme vuestro nombre?

GUINDILLA   Guindilla.

FONDÓN   Ah, conozco vuestro sufrimiento. Vuestra familia me ha hecho llorar muchas veces. Espero que seamos amigos, doña Guindilla.

TITANIA   Salud, mortal. ¡Vamos, servidle! Llevadle a mi floresta. La luna nos mira con ojos de llanto, pues jamás ha contemplado nada tan hermoso como vos. ¡De envidia se muere la señora plateada!

FONDÓN   Os agradezco todas estas atenciones, pero me esperan en casa unos amigos para cenar. Hombres muy principales todos: el que no tiene un taller es porque es aprendiz. Y entenderéis que quiera *ofenderles* con mi presencia.

(*Mutis de las hadas llevando a* FONDÓN.)

TITANIA   Atadle la boca. Llevadle callado. Será mejor para todas, ya que aquí permaneceréis, sea vuestro deseo o no, amado mío. Hadas que me servís con diligencia, al tiempo que le transportáis a mi regio lecho, danzad y festejad a su alrededor, y servirle de compañía. Alimentadle con albaricoques, tiernas frambuesas, purpúreas uvas, higos verdes y sabrosas fresas. Cantad para él, mostrándole la hospitalidad del reino de las hadas, del que soy dueña y señora.

(*Mutis.*)

Escena 3.3.

Sale a escena Oberon.

Oberon   Me pregunto si Titania estará ya despierta. ¿Qué será lo primero que habrá visto? (*Sale a escena* Robín.) ¿Y bien, mi espíritu burlón? ¿Qué desorden anda suelto en la floresta?

Robín   Nuestra reina de un monstruo se ha prendado. Estaba ella en su nido secreto y sagrado sumida en su lánguido sueño, cuando una tropa de palurdos artesanos llegó para ensayar una obra que supuestamente han de representar en las nupcias de Teseo. El peor zopenco de todos, el que hace de Píramo en la comedia, se adentró en un matorral. No quise desaprovechar una ocasión como esta para encasquetarle una cabeza de burro. En ese instante, Titania despertó y del burro inmediatamente quedó prendada.

Oberon   ¡Todo salió mejor de lo previsto! Mas, ¿ya pusiste el elixir del amor en los ojos del joven ateniense, tal y como te indiqué?

Robín   Durmiendo le hallé. La muchacha cerca de él dormía. Es necesidad del destino que la vea según despierte.

(*Salen a escena* Demetrio *y* Hermia.)

DEMETRIO   ¿Por qué rechazas al que te ama, bella Hermia?

HERMIA   Algo peor debería hacerte.

OBERON   Ahí está el ateniense.

ROBÍN   Oh, oh, ella es la dama, pero él no es el caballero.

HERMIA   Si fuese hombre, en lugar de dulce muchacha, te pegaría en la nariz, y después te daría el mayor puntapié que jamás se ha dado, y, como Hércules en la cuna a las sierpes, a ti yo te estrangularía, pero, ya ves, soy mujer, no puedo. Me resigno. Si a Lisandro has matado, mientras dormía, ya metido en sangre, sigue tu herejía y mátame también.

DEMETRIO   ¡Yo no le he hecho nada a Lisandro! Aunque reconozco que me habría agradado.

HERMIA   ¡No es el sol más fiel de lo que Lisandro es conmigo! ¡Lisandro! ¡Lisandro! ¿Por qué se escabulló mientras yo dormía? ¿Dónde está? Sé bueno, Demetrio, te lo suplico, dime que no le ha pasado nada.

DEMETRIO   Y si pudiera, ¿qué recompensa recibiría?

HERMIA   El privilegio de no verme jamás. ¡No es posible que no le hayas dado muerte, pues al asesino delata su semblante pálido y mortecino, y tú tienes muy mala cara! ¡Le has asesinado, sin duda! ¡Le has matado durmiendo! ¡Oh, qué valentía! Sólo una víbora, un gusano, haría algo tan ruin. ¡Lisandro!

(*Mutis.*)

DEMETRIO   Malgastas tu pasión. La sangre de Lisandro yo no he derramado, ni tengo constancia de que muerto esté. ¿Para qué seguirla con tal arrebato? Más vale que descanse.

(*Se acuesta y duerme.*)

OBERON   Pero, ¿qué has hecho? Te has equivocado y has vertido el jugo en los párpados de un leal enamorado. Más raudo que el viento, recorre el bosque sin descanso y encuentra a la ateniense Helena. Procura atraerla con alguna astucia; a él yo habré hechizado cuando ella aparezca.

ROBÍN   Me voy, me voy. Mirad cómo corro, más raudo que el viento que atraviesa el cielo.

(*Mutis.* OBERON *aplica el jugo a los ojos de* DEMETRIO.)

OBERON   Flor de púrpura teñida,
sé cual Cupido y atina
penetrando en su pupila.

(*Sale a escena* ROBÍN.)

ROBÍN   Capitán de las hadas, ¡mi señor!, la ateniense Helena ya está cerca y el joven que fue error mío pide paga de amor. ¿Queréis que a esta farsa asistamos?

(*Salen a escena* LISANDRO y HELENA.)

LISANDRO   ¿Por qué piensas que para burlarme amor te pido?

ROBÍN   ¡Cuán necios son los mortales!

LISANDRO   Ni desdén ni burla se expresan con llanto. Oye, cuando amor juro, lloro: nacido un juramento así de honradez supone prueba.

HELENA   Cada día eres más fatuo y presumido, Lisandro. Si promesa mata a promesa, ¡oh, vil santidad! Juraste amor a Hermia. ¿Es que en esos votos ya no crees? Y si acepto yo tus votos, ¿cuánto van a durar? Coge dos piedras y átalas a tus palabras, pues tus juramentos se vuelan.

LISANDRO   Actué sin juicio al jurarle mi amor.

HELENA   Como ahora, al dejarla, obras sin razón. ¡Demetrio!

LISANDRO   Demetrio la ama a ella. Nunca a ti te amará, dulce Helena.

DEMETRIO   (*Despertando.*) ¡Helena! ¡Te amo! Diosa, nin-
            fa, perfección divina. ¿Con qué podría tus ojos
            comparar? La luna, en tu presencia, se apaga,
            mustia de pena. ¡Y cuán tentadoras se mues-
            tran las dulces fresas de tu boca! ¡Deja que te
            bese!

HELENA   ¿Qué dices, Demetrio?

LISANDRO   ¡No le escuches, Helena!

DEMETRIO   ¡Deja que bese este regio blancor, aval de mi
            suerte!

HELENA   ¡Desprecio, Infierno! Ya veo que para reíros
            de mí os habéis aliado. ¿De verdad dos bue-
            nos caballeros no encuentran mejor pasatiem-
            po que burlarse de una inocente doncella?

LISANDRO   Ya basta, Demetrio. No seas cruel. Ambos sa-
            bemos que amas a Hermia. Ve con ella.

DEMETRIO   Jamás. Hermia es tuya. Sea mía, Helena. Ve
            junto a tu miniatura.

LISANDRO   ¡Su padre te la regaló! Gózala.

DEMETRIO   A su vez, yo te la regalo a ti. ¡Gózala tú!

LISANDRO   ¡Helena, juro que te amo!

DEMETRIO   ¡Helena, prometo que te adoro!

HELENA   Prometéis, juráis, cuando bien sé que mis méritos son pocos a vuestros ojos. Lo sé. ¡No me mintáis más, os lo ruego! Soy fea como una osa. ¡Todos lo vemos! ¡Ambos sois rivales y amáis a Hermia, y competís burlándoos de Helena! ¡Valiente hazaña, arrancar el llanto a una doncella, con toda esta mofa! ¡Ningún noble ánimo ofendería así a una virgen, torturando su pobre paciencia por pasar el rato!

(Sale a escena HERMIA.*)*

HERMIA   ¡Lisandro! ¡Lisandro, amor! ¿Por qué, tan rudamente, mi amor, me has dejado sola sin ningún cuidado?

LISANDRO   ¿Por qué iba a quedarse aquel a quien aleja el amor?

HERMIA   ¿Qué amor alejaría a Lisandro de mi lado?

LISANDRO   ¿Por qué has venido a buscarme? ¿No ve tu entendimiento que te dejé porque te desprecio?

HERMIA   No es verdad. Tú no dices lo que piensas.

HELENA   ¡Ah, tú también estás en esta conspiración! ¡Injuriosa Hermia, mujer ingrata y mala amiga! ¿Quieres burlarte? ¿Has maquinado esto con esos dos para castigarme por ser fea?

HERMIA   ¡Que yo no te veo fea!

HELENA   Con todos los secretos que hemos compartido, promesas de hermanas, las horas que pasábamos juntas reprendiendo al tiempo presuroso por separarnos, y, ¿ahora te burlas de mí?

HERMIA   ¿Has enloquecido? No acierto a entender lo que dices.

HELENA   ¿Y así rompes el lazo de nuestro antiguo cariño uniéndote a ellos e hiriendo a tu amiga? Eso no es de amiga ni de honrada joven. Nuestro sexo eternamente, te lo reprobará, aunque sea yo quien la herida sufra.

HERMIA   Asombro me producen tus palabras apasionadas. ¿No ves que eres tú la que me está hiriendo, arrebatándome a Lisandro?

HELENA   ¡Yo a Lisandro no le amo!

LISANDRO   ¡Ni yo a Hermia!

HERMIA   ¡Ni yo a Demetrio!

DEMETRIO   ¡Ni yo a Hermia! Y mucho menos a Lisandro.

HELENA   Ah, sí, eso. Persevera. ¡Ahora finge tristeza! Muecas haced tras de mí cuando vuelva la espalda. Si tuvierais compasión, gracia o bondades, no haríais de mí el blanco de esta ofensa. Así que adiós. En parte es culpa mía, delito que pronto purgará mi ausencia o mi muerte.

LISANDRO   Helena, yo te amo. Por mi vida que es cierto.

HERMIA   Mi amor, deja de burlarte de ella. No seas cruel. Ahora que la miro a la luz de la luna, sí tiene aspecto animal. Es peluda.

DEMETRIO   Y yo sostengo que te amo más que él.

HERMIA   Lisandro, ¿por qué te burlas?

HELENA   Pero si eres tú la que se burla de mí.

HERMIA   ¿Ya no soy tu Hermia? Tan bella soy como era antes. ¿He de entender que me abandonaste a propósito?

LISANDRO   No tengo ningún deseo de verte más. Te odio y amo a Helena.

HERMIA   ¡Ay de mí! *So* lagarta. ¡Tú! Oruga, roedora, tramposa. ¡Tú! ¡Ladrona de amor! ¿Le has robado a mi Lisandro el corazón al amparo de la noche?

HELENA   ¡Santo cielo! ¿No hay en ti recato, ni pudor de doncella, ni pizca de sonrojo? ¿Qué? ¿Quieres que con rabia te responda? ¡Fuera! ¡Fuera, comediante, burlona, mentirosa, marioneta!

HERMIA   ¿Marioneta? ¿Qué significa eso? ¡Ah, ese es tu juego! Ahora pretendes establecer una comparación entre nuestras estaturas. Presume de alta, y con su larga figura, su talle estrecho y su hermosa melena, a mi amor ha conquistado. ¿Te tiene en alta estima, porque yo soy baja y menuda? Habla. ¿Cómo soy de baja, cucaña pintada? Pues tan baja no soy como para que mis uñas no lleguen a tus ojos.

HELENA
Amigos, os lo ruego, aunque os burléis de mí, no dejéis que me haga daño. Como buena mujer soy muy sensible. Que no me pegue. ¿Acaso pensáis que porque ella es más baja yo seré más fuerte?

HERMIA
¿Más baja? ¡Otra vez! ¡Osa peluda!

HELENA
Ya eras una arpía cuando ibas a la escuela. Y aunque se te vea bajita...

HERMIA
¡¿Bajita?!

HELENA
Eres fuerte como un jabalí.

HERMIA
¿Bajita? ¿Bajita otra vez? Insiste en lo de baja y pequeña. ¿Vais a tolerar que continúe insultándome? Dejádmela a mí.

LISANDRO
¡Aparta de aquí, minúscula! ¡Tapón de mujer, gnomo, abalorio, comino! Demetrio, sígueme si te atreves y veremos si el derecho es tuyo o mío al amor de Helena.

DEMETRIO
¿Seguirte? No. Iré contigo, pegado a ti. Aparta, diminuta.

(*Mutis de* DEMETRIO *y* LISANDRO.)

HERMIA   Señora, la culpa de todo este alboroto te pertenece. No; no te vayas.

HELENA   No voy por más tiempo a quedarme contigo. Tus manos pelean mejor que las mías, pero mis piernas son más largas para huir.

(*Mutis de* HELENA.)

HERMIA   Atónita quedo, y no sé qué decir. Tan bajita yo no me veo.

(*Mutis.*)

OBERON   Aquí tienes el fruto de tu estupidez, espíritu. ¿O ha sido travesura deliberada?

ROBÍN   Creedme, rey de las sombras, que fue error. ¿No me dijisteis que podía conocerle porque iba vestido con ropa ateniense? Entonces no hay culpa. ¡Sí que unté los ojos a uno de Atenas!

OBERON   Los jóvenes han ido a zanjar su disputa. Corre tú, Robín, y nubla la noche de tal modo, que el uno del otro se alejen. Entonces, exprime esta hierba en los ojos de Lisandro.

(*Mutis.*)

ROBÍN   Para acá y para allá, los llevaré allá y acá, por el campo y la ciudad. Aquí viene uno.

(Salen a escena los enamorados.)

LISANDRO   ¿Dónde estás, presuntuoso Demetrio?

*(*ROBÍN *aplica el jugo en los ojos de* LISANDRO. *Sale a escena* HERMIA. *Los dos se miran. Sale a escena* HELENA. HERMIA *la persigue.)*

HERMIA   ¡Detente, osa!

HELENA   ¡Desiste, enana!

*(*LISANDRO *persigue a su vez a* HERMIA, *y* DEMETRIO, *que sale a la carrera, persigue a* LISANDRO. *Mutis.)*

ROBÍN   Ni cielo ni estrella, conseguirán aplacar vuestro amor. Cada Juana con su Juan. Recobrará la yegua su corcel y todo acabará en paz.

(Sale a escena OBERON.*)*

OBERON   Volverán a Atenas todos los amantes y todas estas burlas que, sin mala intención, contra ellos hemos conjurado, serán como una ilusión o, tal vez, como un sueño. Mientras en este asunto estás ocupado, yo a Titania liberaré a sus ojos del hechizo que al monstruo la ata. Y tendremos paz de nuevo.

(Mutis.)

Acto Cuarto
Escena 4.1.

Sale a escena TITANIA, *seguida de las hadas, que llevan a* FONDÓN, *dormido, en volandas.*

TITANIA Venid a yacer en este lecho de flores, mientras acaricio vuestras dulces mejillas de terciopelo, y adorno con hermosas guirnaldas de silvestres flores vuestro suave pelo. ¡Permite que bese esas grandes y tiernas orejas, oh, deleite mío!

FONDÓN Aunque no es mi costumbre, adivino que tengo que ir al barbero. Noto mi cara *insultantemente* peluda. Soy tan delicado que a nada que me pique tengo que rascarme, señora. No hay que confundirme con un burro cualquiera.

TITANIA Sois elevado cual poeta.

FONDÓN Esa era mi sospecha. Tengo cierta propensión a componer versos. Algunos de ellos, muy *atormentados* de escuchar.

TITANIA Sois muy agudo.

FONDÓN Tanto que pincho.

TITANIA Me pasaría toda mi existencia inmortal escuchando vuestras hermosas palabras, pues conforman una dulce melodía, que deleita mi alma como nada en este mundo. No solo sois hermoso y galante, sino que vuestra cabeza está bellamente adornada.

FONDÓN   Es cierto que noto algo en lo alto de mi cabeza. Me alegra saber que se trata de un adorno.

TITANIA   Decidme, mi dulce amor, ¿qué os complacería comer? Pedid las más delicadas viandas y, en menos de lo que una luciérnaga pierde su luz en el albor de la mañana, seréis satisfecho, mi dueño. ¡Decidme lo que deseáis!

FONDÓN   Un poco de forraje. No me importaría algo de avena seca. Me apetece un haz de buen heno. ¡Buen heno, dulce heno! Es delicioso.

TITANIA   ¡Hadas, traed lo que pide! ¡Obedeced!

(*Las hadas sirven a* FONDÓN.)

FONDÓN   ¿Queréis probarlo, mi señora? Es un bocado delicado.

TITANIA   Viniendo de vos todo endulzará mi lengua. Jamás sentí un amor tan puro y bello como el que vos despertáis en mi alma. Habéis logrado el embeleso; disponed a vuestro antojo.

FONDÓN   Esperad, mi señora, creo que he encontrado una mosca. Condimentará el heno. No hay que desperdiciar los manjares.

(*Sale a escena* OBERON.)

TITANIA   Dicen los poetas que no hay amor más profundo y honesto que el de la honrada niñez. Con vos, dulce señor, me siento de nuevo inocente. Os lo agradezco.

FONDÓN   ¿Vos, señora, me dais las gracias a mí?

TITANIA   Os las doy, señor. Tomad mi gratitud.

FONDÓN   No sé si puedo quedármela.

TITANIA   Hacedlo, señor. Es la reina, que os sirve, quien lo pide.

FONDÓN   Por favor, que ninguna de vosotras me moleste, tengo una necesidad *serpentina* de dormir.

TITANIA   Dormid, precioso tesoro mío, que yo os meceré, rodeándoos cariñosamente con mis brazos. Hadas, marchaos. ¡Cada una, a su lugar! De este modo quedarán entrelazadas las madreselvas silvestres y olorosas, y la hiedra femenina rodeará los dedos rugosos del olmo. ¡Cuánto os amo! ¡Estoy ávida de vos, mi señor! ¡Con qué ardor os idolatro!

(*Sale a escena* ROBÍN.)

OBERON   Bienvenido, buen Robín. ¡Mira qué dulce espectáculo! Me da pena su enamoramiento. Voy a deshacer el maleficio de sus ojos con el remedio al jugo de la flor. Este fluido la volverá a su ser.

(*Se acerca para aplicar el jugo a los ojos de* TITANIA.)

TITANIA   ¿Qué hacéis, señor?

OBERON   Salvaros de una bestia.

TITANIA   ¡Aquí no hay más bestia que la que veo cuando os miro a vos!

OBERON   Ya me lo agradeceréis.

TITANIA   ¡Jamás!

OBERON   ¡Estaos quieta para que pueda salvaros!

TITANIA   ¿De qué?

OBERON   ¡Del amor de ese burro!

TITANIA   ¿Cómo osáis llamarlo burro?

OBERON   Así lo veo.

TITANIA   Vuestros ojos son torpes.

OBERON   ¡Se trata de un burro, señora!

TITANIA   ¡Se trata del amor de mi vida!

OBERON   ¡Pero es un burro!

TITANIA   Vale. Concedo. Mas aún siendo burro, ¡yo le amo!

OBERON   ¡Habéis enloquecido!

TITANIA   De amor.

OBERON   ¡Estaos quieta!

TITANIA   ¡Nunca!

OBERON   ¡Señora!

TITANIA   ¡Hadas, prendedle! ¡Sujetadle con fuerza! ¡No le soltéis! (*Las hadas le sujetan con fuerza.*) Señor, estáis celoso, y, en esta ocasión, con buenas razones. Quedaos con vuestra amazona, y dejadme a mí mi hermoso burro.

OBERON   ¡Es un burro!

TITANIA   Lo he admitido y aun así, le amo.

OBERON   ¡Señoras, soltadme!

TITANIA   ¡Agarradle con más fuerza, mis buenas amigas! ¡Cómo pretendéis que acepte cambiar a mi burro, ¡feliz y hermoso burro!, lleno a rebosar de excitante virilidad furiosa, por vos! No, no, señor. No se acepta cambiar gatito por tigre sin que se pueda evitar llamar *loca* a la que así procede. ¡Jamás se vio que mujer cuerda aceptase tan burdo trato! Y de las muchas cosas que soy, una de ellas no es loca. Enamorada, sí. Loca, jamás. ¡Volved con la amazona! Ella, que no ha podido disfrutar de mi dulce y gentil burro, os aceptará sin sufrir su amor en las comparaciones.

OBERON   ¡Oh, destino, me veo preso en mi argucia! ¡Mi treta me traiciona! ¡Maldición! Recapacitad, señora. De corazón os lo pido.

TITANIA   Lo he hecho. Y entre el rey de las hadas y el burro, elijo al burro. ¿Quién no haría lo mismo? ¡¿O, tal vez, mi antiguo señor, el antiguo dueño de mi corazón, insinúa que la burra soy yo?! (ROBÍN, *a traición, aplica el remedio a los ojos de* TITANIA.) ¿Qué ha sucedido? ¿Dónde me hallo? ¡Soltadle! ¡Ah, mi Oberon, qué visiones he tenido! He sido víctima de un sueño en el que estaba enamorada de un burro.

OBERON   Ahí tenéis a vuestro amor.

TITANIA   ¡Ah! ¿Cómo ha podido tal cosa suceder?

ROBÍN   Mi señor Oberon, presta atención: es la alondra con sus trinos.

OBERON   Sigamos, pues, en silencio, a la noche por poniente.

TITANIA La tierra podemos rodear más aprisa que el astro lunar. Venid, mi señor, y, en nuestro veloz vuelo, referidme, sin omitir detalle, por qué en el suelo, sobre la tierra fría y dura, entre mortales, yo dormía.

(Mutis.)

Escena 4.2.

FONDÓN *despierta.*

FONDÓN   Cuando me toque, avisadme, maeses, que declamaré. Mi pie es *mi gentil Píramo.* Pronunciadlo con *confusión* y *murmurando* para que pueda oírlo bien. ¡Eh, ¿quién está ahí?! ¿Amigo Membrillo? ¿Flauta? ¿Maese Hambrón? Se han escabullido todos, ¡bribones! dejándome dormido. He tenido una visión asombrosa. Un sueño que ni la inteligencia más aguda podría desvelar. Aquél que intentase explicarlo sería, sin duda, un burro. Soñé que era... Nadie podría explicarlo. Soñé que era... Soñé que tenía... Necio sería el hombre que intentase explicar lo que yo soñé que tenía. No hay ojo humano que oiga, ni oído que vea, ni existe mano que deguste, ni nariz que acaricie, ni lengua que entienda, ni corazón que pueda hacer relato de mi sueño. Le daré la encomienda a maese Membrillo para que haga balada de mi sueño. Haciéndola él, quedará dulce sin duda. Llevará por título *El sueño de Fondón,* porque no tiene fondo. Y la cantaré al final de la obra, delante del duque. O tal vez, cuando muera Tisbe, para que quede más gracioso. ¡Hurra!

           (Mutis.)

Escena 4.3.

Salen a escena, aturdidos, DEMETRIO *y* HELENA.

DEMETRIO   ¿Dulce Helena?

HELENA   ¿Mi Demetrio? ¡Oh, mi Demetrio deseado, soñé que me amabas! ¿Existe crueldad más dura que soñar que el que te desprecia, te ama?

DEMETRIO   No, mi señora, que el sueño fue antes, cuando soñabas que no te amaba. Ahora, al despertar, te amo como siempre debió ser.

(*Salen a escena* TESEO *e* HIPÓLITA.)

HIPÓLITA   Esperad, ¿qué ninfa es esta? ¿No es la hija de Nédar la que abraza al noble Demetrio?

TESEO   Me pregunto qué harán aquí juntos.

HIPÓLITA   Sin duda madrugaron para cumplir los ritos del mes de mayo. Buenos días, amigos. ¿Empiezan ya a emparejarse estas aves del bosque? Os lo ruego, levantaos. ¿De dónde viene al mundo esta concordia en la que el desdén queda preso del amor?

HELENA   Buenos señores, no sé por qué poder, pero algún poder hizo que el amor que por Hermia sentía Demetrio como nieve se haya derretido.

DEMETRIO   Y toda la fe y la virtud de mi corazón, el objeto y el placer de mis ojos ya es solo Helena.

HIPÓLITA   ¿Y dónde se halla ahora la dulce Hermia?

HELENA   Yace junto a Lisandro, enredados en las ramas de un arbusto de rosas que, como tálamo improvisado, les ha servido durante esta loca noche. Ambos, con las primeras luces de la mañana, se agitan presa de crueles pesadillas y temen volver a Atenas, pues saben que al poner pie en el hogar añorado su dura ley les ha de castigar. (*Cogiendo las manos a* HIPÓLITA.) No habiendo ya querella de amor, os pido, señora, que por ellos intercedáis.

HIPÓLITA   ¿Qué tenéis que decir a esto, mi señor?

TESEO   Enamorados, recibid mi aquiescencia. Impediré la voluntad de Egeo, pues, muy pronto, en el templo, con nosotros estas parejas se unirán para siempre.

HIPÓLITA   Atenas verá casarse a tres parejas. Daremos una fiesta de gran solemnidad y regocijo.

TESEO   Ven, Hipólita.

            (*Mutis.*)

HELENA   Vayamos tras ellos, igual que esta noche hemos ido tras un sueño.

(Mutis.)

Escena 4.4.

Salen a escena MEMBRILLO *y* FLAUTA.

MEMBRILLO   ¿Habéis preguntado en casa de Fondón? ¿Ha regresado ya?

FLAUTA   No hay rastro de él. Sin duda, está embrujado. Si no aparece, no habrá comedia. No se podrá hacer, ¿verdad?

MEMBRILLO   Será imposible. Si no es él, no hay otro en Atenas que sepa hacer de Píramo.

FLAUTA   No, él es el más capaz de todos nosotros.

MEMBRILLO   Y el que tiene más prestancia. Y en dulce voz, no tiene rival.

(*Sale a escena* HAMBRÓN.)

HAMBRÓN   Buenos maeses, el duque ha salido del templo, y con él se han casado otras dos parejas. De haberse celebrado la función, nos habríamos puesto las botas.

FLAUTA   ¡Ah, mi admirable Fondón! Pierde seis peniques al día durante el resto de su vida. El duque le habría asignado una renta de seis peniques diarios por hacer de Píramo.

HAMBRÓN   Los habría merecido.

MEMBRILLO   Seis peniques por Píramo, o nada.

(*Sale a escena* FONDÓN.)

FONDÓN   ¿Dónde están esos buenos mozos de Atenas? ¿Dónde están mis compadres?

MEMBRILLO   ¡Fondón! ¡Oh, día de ventura! ¡Hora dichosa!

FONDÓN   Amigos, hablaré de cosas asombrosas, pero no preguntéis cuáles son, pues no es buen hombre el que calla ni tampoco el que habla. Así que me quedaré en hombre, no hablando ni callando.

MEMBRILLO   ¡Cuéntalas, amigo Fondón!

FONDÓN   Yo, ni una palabra. Solamente os diré que el duque ya ha comido. Preparad el vestuario, repase cada cual su papel, que Tisbe lleve ropa limpia, y el que represente al león no se corte las uñas, pues deben tener aspecto de garras. Ah, y lo más importante, no comáis ni cebolla ni ajos, pues tenemos que echar buen aliento, y así dirán, sin duda, que nuestra comedia es muy tragable, pues huele bien. ¡Vamos, amigos!

TODOS   ¡Hurra!

               (*Mutis.*)

Acto Quinto
Escena 5.1.

Salen a escena TESEO *e* HIPÓLITA.

HIPÓLITA   Es muy extraño, buen Teseo, lo que cuentan estos amantes.

TESEO   Más extraño que cierto. Jamás he dado crédito a antiguas fábulas o juegos de hadas. Amantes y locos tienen mente tan febril y fantasía tan singular que conciben mucho más de lo que entiende la fría razón.

HIPÓLITA   Es cierto que el lunático, el amante y el poeta están compuestos por entero de las dulces hebras de la imaginación. Mas los sucesos de la noche, así contados, y sus almas al unísono transfiguradas, atestiguan algo más que fantasías y componen un todo consistente, por insólito y asombroso que parezca.

(*Sale a escena* HELENA.)

TESEO   ¡Ahí llega la dulce Helena, llena de gozo y alegría!

HIPÓLITA   ¡Que la dicha, bella Helena, y el amor perdurable estén siempre en tu corazón!

HELENA ¡Más dicha os deseo en vuestros regios pasos, vuestra mesa y vuestra cama!

TESEO Veamos ahora qué espectáculos y danzas colmarán las tres horas eternas que separan el banquete del gozoso momento de acostarse.

HIPÓLITA ¿Qué tenemos? ¿No hay danza, música o historia que alivie la angustia de las lentas horas?

HELENA ¡Aquí está la lista, gran Teseo! Estos son los espectáculos disponibles.

(Sale el resto de enamorados.)

DEMETRIO *La batalla contra los centauros*, cantada por un eunuco ateniense al arpa.

HELENA Mejor que no.

LISANDRO *La orgía de las ebrias bacantes, y de cómo desgarraron, furiosas, al cantor de Tracia en su rapto.*

HERMIA Esta ya es vieja.

DEMETRIO *Las tres veces tres musas llorando la muerte del Saber, que acaba de morir en la pobreza.*

HELENA Es una sátira agria y mordaz, impropia para una ceremonia nupcial.

LISANDRO *La tediosa y breve historia del joven Píramo y su amada Tisbe*; comedia muy trágica.

HIPÓLITA   ¿Comedia muy trágica? ¿Tediosa y breve? Es como el hielo caliente y la nieve cálida. ¿Quiénes la interpretan?

DEMETRIO   Artesanos atenienses de manos callosas que no han trabajado con la mente hasta ahora, y que esfuerzan su inutilizada memoria para ofrecer esta pieza en las nupcias.

TESEO   Deseo oírla.

DEMETRIO   No, no, mi señor. El maestro de ceremonias me ha dicho que la ha visto y que no es nada.

TESEO   Mi deseo es oír esa obra. Nunca hay que despreciar lo que se ofrece con llaneza y afecto. Traedlos ante mí. Ve, buen Demetrio, y da las órdenes pertinentes.

(Mutis de DEMETRIO.*)*

HIPÓLITA   Bondad mostraremos dando las gracias por nada. Nos distraerá tomar a bien lo que hacen mal. Y, si fracasa la humilde lealtad, lo generoso es valorar el esfuerzo, y no el efecto. El amor y la callada sencillez, si hablan menos, dicen más. Bella Helena, como compensación por las ofensas de amor recibidas en el día de ayer, acomódate a nuestro lado. (*A* HERMIA *y* LISANDRO.) Y vosotros, jóvenes amantes, subid al gallinero, más apropiado para la atención que prestaréis al espectáculo.

HELENA   Ya empieza.

TESEO   Prestemos atención.

Escena 5.2.

Tocan clarines. Sale a escena MEMBRILLO.

MEMBRILLO   Permitidme que me presente a modo de prólogo.

HIPÓLITA   Un prólogo muy educado.

HELENA   Y tímido. Escuchémosle.

MEMBRILLO   *Si ofendemos, es nuestra finalidad.*
Que creáis que no queremos agraviaros
sino por bien. Mostrar nuestra habilidad:
ese es el único fin de nuestro ánimo.
Por tanto, venimos, pero no venimos.
Porque queremos adrede vuestra ofensa
vamos a actuar. Por dar regocijo
no estamos aquí. Para daros pena
ya están los actores, y con su papel,
muy pronto, sabréis lo que hay que saber.

HIPÓLITA   Este prólogo ha extraviado todos sus pun-
tos, cambiándolos por comas.

HELENA   Cabalga en su prólogo como si fuera un po-
tro salvaje: no sabe cuándo detenerse.

Teseo   La moraleja es que no basta con hablar, hay
            que saber lo que se dice.

Hipólita   Cierto. Ha tocado su prólogo como toca un
            niño la flauta. Aunque la hace sonar, no la
            domina. ¿Quién viene ahora?

Hambrón   Yo, señora. *Aquí, en esta pieza teatral, les*
                                                [aseguro
            que yo, el llamado Hambrón, no diré una
                                                [palabra
            y encarnaré a un muro.
            Imaginad que el muro que yo os sugiero
            tiene una abertura o agujero
            por el cual los amantes... los amantes... ¡los
                                                [amantes!

Membrillo   Píramo y Tisbe. ¡Píramo y Tisbe!

Hambrón   *Píramo y Tisbe, hablan de forma secreta.*
            Y estas aberturas son diestra y siniestra,
            por la que uno habla y el otro contesta.

Helena   ¿Alguien esperaría que hablase mejor la ar-
            gamasa?

Hipólita   Es el tabique más lúcido que he oído en toda
            mi vida.

Membrillo   *Señores, si os preguntáis qué va a ocurrir,*
            a la luz ha de sacarlo la verdad.
            Píramo es el galán que tenéis aquí
            y esta bella dama, su Tisbe será.

HIPÓLITA   Píramo se acerca al muro. ¡Silencio!

FONDÓN   *¡Oh, noche enlutada! ¡Oh, noche severa!*
¡Noche que eres siempre cuando no es de día!
¡Qué noche, qué noche de dolor y pena!
¡Temo que mi Tristi...!

MEMBRILLO   ¡Tisbe!

FONDÓN   ¡Espera! *(Pausa.)* ¡Frase!

MEMBRILLO   ¡Tisbe!

FONDÓN   *¡Temo que mi triste Tisbe su promesa olvide!*
Y tú, ¡oh, mi muro! ¡Oh, muro querido!
¡Separas mi tierra de la de mi Tis... Tis...

TODOS   ¡Tisbe!

FONDÓN   *¡Tisbe!*
Tú, muro, ¡mi muro! ¡Oh, muro querido!
¡Muéstrame la grieta por la que yo mire!
(HAMBRÓN hace una uve con los dedos.)
Gracias, gentil muro. ¡Júpiter te guarde!
Mas, ¿qué es eso que veo? A Tisbe no hallo.
¡Oh, malvado muro! Feliz no me haces.
¡Malditas tus piedras, pues me han engalanado!

MEMBRILLO   *¡Engañado!*

FONDÓN   *¡Engañado!*

HIPÓLITA   El muro, como es sensible, debería replicar.

FONDÓN   Lo cierto, señora, es que no. *Engañado* es el
            pie de Tisbe. Él, ella, entra ahora y yo tengo
            que verla por el agujero. Ya veréis que suce-
            de tal como os lo he contado. Aquí se acerca.

FLAUTA   *¡Oh, tú, muro! Bien has oído mis quejas,*
            pues a mi Píramo de mí has separado.
            Mis labios de guinda han besado tus piedras,
            piedras que se mezclan con pelo y barro.

HIPÓLITA   Afortunado el muro, pues lo besa tan bella
            dama.

HELENA   Afortunada la dama, pues su beso lo recibe
            tan bello muro.

FONDÓN   *¡Oh, oh! Veo una voz. Ahora voy al agujero*
            para oírle, si puedo, a Tisbe la cara.
            ¡Tisbe!

FLAUTA   *¡Mi amor! Tú eres mi amor. ¿No es cierto?*

FONDÓN   *Piensa lo que quieras: soy tu amor del alma,*
            y, como Cupido, fiel te seré siempre.

FLAUTA   *Y yo, como Helena, fiel hasta la muerte.*

FONDÓN   *¡Por el agujero del vil muro dame un beso!*

FLAUTA   *No beso tus labios, solo un hueco.*

FONDÓN   *Encontrémonos en la tumba de Nini.*

MEMBRILLO   Nino.

FONDÓN   ¡Demonios! ¿Qué acontece ahora?

MEMBRILLO   ¡Nino!

FONDÓN   *Encontrémonos en la tumba de Nino de inmediato.*

FLAUTA   *Esté viva o esté muerta, acudiré sin recato.*

HAMBRÓN   *Así, como pared, mi papel ya clausuro.*
Y terminado, se retira de escena el muro.

(Mutis.)

HELENA   Ya ocurrió la caída del muro entre los vecinos.

HIPÓLITA   No podía ser de otra manera, cuando las paredes oyen sin permiso.

TESEO   Una comedia tan necia nunca había visto.

HIPÓLITA   Las mejores de este género no son sino sombras, y las peores no son tan malas con la ayuda de la imaginación.

HELENA   ¿Nuestra imaginación o la suya?

HIPÓLITA   Si no nos los imaginamos peores de lo que ellos se imaginan, pasarán por gente muy admirable.

(*Sale a escena* HAMBRÓN.*)*

HELENA   Ahora vienen dos nobles bestias. Un hombre y un león.

HIPÓLITA   ¿Hablará el león?

HELENA   Hasta ahora solo han hablado burros.

HAMBRÓN   *Y vosotras, mis damas, que con gentil corazón*
teméis a lo más pequeño que por los suelos se
arrastra, al ratón,
acaso ahora tembléis y retembléis
cuando del fiero león el rugido escuchéis.
Mas sabed que soy Hambrón, el ebanista,
y no soy ni león ni leona, sino artista.

HIPÓLITA   Una bestia plácida y de buena conciencia.

HELENA   Si algún temor había en mi corazón, su buena intención lo ha hecho desaparecer.

FLAUTA   ¿Y la luna, qué ha pasado con la luna?

FONDÓN   Dejad que yo haga de luna.

MEMBRILLO   De ninguna manera. No puedes hacer de luna.

HELENA   Silencio; aquí viene Tisbe.

FLAUTA   *Esta es la tumba de Nino. ¿Dónde se halla mi*
amado?

(HAMBRÓN *ruge.* FLAUTA *huye, perdiendo el manto.*)

HELENA   ¡Así se ruge, león!

TESEO   ¡Así se corre, Tisbe!

HIPÓLITA   ¡Así se brilla, Luna!

HELENA   Y ahora llega Píramo.

FONDÓN   *Oh, dulce luna, ¿cómo agradecer tus rayos*
                                        [de sol?
              Gracias, oh, luna, por brillar ahora en tu
                                         [esplendor
              pues, por tus bellos rayos, y tu fulgor
              espero la luz de mi Tisbe fiel hallar.
              Pero, ¡detente! Oh, tormento.
              Pobre caballero,
              ¡mira qué terrible escena!
              Ojos, ¿lo veis bien?
              ¿Cómo puede ser?
              ¡Oh, mi paloma, mi prenda!
              Tu óptimo manto,
              ¿de sangre manchado?
              Natura, ¿por qué creaste al león fiero?
              A ese vil león que desfloró a mi amada.

MEMBRILLO   ¡Devoró!

FONDÓN   *A ese vil león que devoró a mi amada.*
              ¡Venid a mí, furias crueles!

> *¡Venid, venid, Parcas!*
> *¡Cortad hilo y trama!*
> *¡Venced, aplastad y dad muerte!*
> *Ahora muero, muero, muero. ¡Muero!*

(Se da muerte.)

HIPÓLITA   Este lamento y la muerte de un amigo querido son como para ponerle a una triste.

HELENA   Por mi alma que a mí me da pena.

TESEO   Ahí viene Tisbe. Escuchad a la amante doliente.

FLAUTA
> *¿Durmiendo, mi amor?*
> *¿Oh, muerto, mi sol?*
> *¡Ponte en pie, dulce Píramo!*
> *¡Habla, habla! ¿Mudo?*
> *¿Muerto? Un sepulcro*
> *cubriera tus ojos lindos.*
> *Tu boca de nardo,*
> *tu nariz de guinda*
> *y tu faz de crisantemo*
> *te han dejado ya.*
> *Amantes, llorad*
> *sus ojos de verde puerro.*
> *Que las tres hermanas*
> *vengan preparadas*
> *con manos de blanca leche.*
> *Bañadlas en sangre,*
> *puesto que cortasteis*
> *su hilo de seda tenue.*

> *No hablas, mi lengua.*
> *La espada me hiera*
> *y me empape el corazón.*
> *Adiós, mis amigos,*
> *que Tisbe ha caído.*
> *Adiós, pues, adiós, adiós.*

(Se da muerte.)

TESEO   Luz de Luna y León quedan para enterrarlos.

HELENA   Sí, y también Muro.

FONDÓN   La verdad es que no, señores, pues cayó el muro que separaba a los padres con la muerte de los amantes. ¿Os complacería ver el epílogo a la tragedia? Es muy cómico. Y largo. Difícil de digerir. Os lo aseguro.

TESEO   No haya epílogo, os lo ruego, pues la obra no requiere excusa.

FONDÓN   ¿Queréis, entonces, que interpretemos alguna danza?

TESEO   La lengua de hierro ha anunciado las doce. Amantes, al lecho. Es la hora de las hadas.

(Mutis de HIPÓLITA.*)*

HELENA   No bajéis la cabeza, buenos artesanos. Cuando los actores están todos muertos nadie queda a quien culpar. Vaya, si el que escribió la obra hubiera hecho de Píramo y se hubiera ahorcado con la liga de Tisbe, sí que habría sido una hermosa tragedia.

TESEO	Y a decir verdad, lo es, y muy bien representada. Ha sido... Ha sido...

HELENA	Una actuación inolvidable.

TESEO	Ha sido una actuación inolvidable.

(*Mutis.*)

FONDÓN	Inolvidable.

FLAUTA	Inolvidable.

MEMBRILLO	Inolvidable.

HAMBRÓN	Inolvidable.

CÓMICOS	¡Una actuación inolvidable!

(*Mutis. Sale* TITANIA *a escena.*)

TITANIA	Que con vuestra luz se llene la casa y que se avive el fuego casi extinguido. Que cada elfo, cada espíritu, salte de rama en rama, trayendo alegría y felicidad a esta noble mansión, y a cada aposento, bendición y sosiego. Así, los nobles dueños, Teseo e Hipólita, su paz tendrán asegurada. No tardéis, hadas, id, corred y vedme al amanecer.

(*Mutis. Sale a escena* ROBÍN. *Poco a poco se unen a él los demás personajes.*)

ROBÍN
Si esta ilusión ha ofendido,
pensad, para corregirlo,
que dormíais, mientras salían
todas estas fantasías.

TODOS
Señores, rencor no queremos,
si nos perdonan, mejoraremos.

ROBÍN
Si no, llamadme embustero.
Buenas noches digo a todos.
Si amigos sois, aplaudid,
y os lo premiará Robín.

(*Lentamente cae el...*)

Telón.

Esta primera edición de *sueño de una noche de verano*,
de Ramón Paso, terminó de imprimirse
en octubre de dos mil veinticuatro,
en Madrid.